# Gweddïau
# Cyhoeddus

## Cyfrol 3

### 52 o weddïau a darlleniadau
### ar gyfer addoliad cyhoeddus

Golygydd:
Aled Davies

Cyfraniadau gan:

Peter Davies        Graham Floyd
Gareth Hughes       Tecwyn Ifan
Iwan Llewelyn Jones John Lewis Jones
Meirion Morris      John Owen
Dafydd Roberts      Geraint Roberts
Gwyn Thomas         John Treharne
Eric Williams

CYHOEDDIADAU'R
GAIR

Ⓗ Cyhoeddiadau'r Gair 1996

Golygydd: Aled Davies.
Testun gwreiddiol: Peter Davies, Graham Floyd, Gareth Hughes,
Tecwyn Ifan, Iwan Llewelyn Jones, John Lewis Jones, Meirion Morris,
John Owen, Dafydd Roberts, Geraint Roberts, Gwyn Thomas,
John Treharne, Eric Williams.
Clawr: Ruth Evans.


ISBN 1 85994 045 5

Dymuna'r cyhoeddwyr gydnabod cymorth Adran Olygyddol Cyngor
Llyfrau Cymru.

**Cyhoeddwyd gan:**
**Cyhoeddiadau'r Gair, Cyngor Ysgolion Sul,**
**Ysgol Addysg, PCB, Ffordd Deiniol,**
**Bangor,  Gwynedd  LL57 2UW**

# Cynnwys

# Rhagair

O Sul i Sul drwy Gymru benbaladr mae yna filoedd ar filoedd yn dod ynghyd i addoli Duw. Mae yna aelodau o deulu Duw yn ymgynnull yn rheolaidd ar y Sul ac yn ystod yr wythnos i weddïo, gan gyflwyno offrymau o ddeisyfiad ac eiriolaeth, diolchgarwch a mawl. Nid yw hyn yn newyddion i'r un ohonom wrth gwrs, ond weithiau mae angen i ni atgoffa ein hunain o werth a grym gweddi, ac o ffyddlondeb y saint. Y mae yna 'weddill ffyddlon' niferus yn arwain a rhannu mewn addoliad yn ein heglwysi a'n capeli - rhai yn medru gweddïo'n gyhoeddus, ac eraill yn teimlo'n llai hyderus i wneud hynny heb ganllaw ysgrifenedig.

Yn anffodus, stori gyffredin yw clywed am oedfaon yn cael eu 'gohirio' oherwydd nad yw'r 'pregethwr yn medru dod'. Diolch i'r cynulleidfaoedd lleol hynny sy'n ymdrechu i gynnal oedfa gan ddefnyddio eu doniau cynulleidfaol, ac i'r pwrpas hwnnw y cyflwynir y gyfrol hon. Ceir yma 52 o weddïau, gyda darlleniad pwrpasol i gydfynd â phob gweddi. Er mwyn llunio oedfa o gwmpas y deunydd, ceir tair cyfrol yn y casgliad, gyda'r un penawdau yn y tair. Golyga hyn bod tri darlleniad a thair gweddi ar bob thema rhwng y tri llyfr, a digon o ddeunydd am flwyddyn o Suliau.

Rhaid diolch i'r brodyr a'r chwiorydd hynny a gyfrannodd bum gweddi yr un i'r casgliad - a hynny ynghanol prysurdeb a gofal gwaith llawn amser. Diolch hefyd i Adran Olygyddol Cyngor Llyfrau Cymru am y gwaith golygyddol, Caren Wyn Jones am y teipio ac Elfed Hughes am y gwaith cysodi.

Wrth i ni gyflwyno'r casgliad i sylw'r eglwysi, ein gweddi yw y bydd i'r deunydd defosiynol yma fod yn gyfrwng i hybu a grymuso ein haddoliad ac yn fodd i ddyrchafu enw Duw.

Ein gobaith i'r dyfodol yw parhau y gyfres hon - felly os ydych am ychwanegu deunydd at y casgliad, mae croeso i chi ei anfon i mewn atom.

Gyda llawer o ddiolch,
Aled Davies.

# Dechrau Blwyddyn

**Darlleniad**    **Mathew 6, 25-34**
**Salm 110**

Ein Tad tragwyddol, diolchwn i ti am gyfle i droi atat gyda'n gilydd ar ddechrau blwyddyn arall. Cyfaddefwn ein bod yn edrych i'r gorffennol a'r dyfodol. Wrth wneud hynny, ni allwn beidio â theimlo'n bychander yn wyneb treiglad amser. Byr ac ansicr yw'n heinioes ni ond yr wyt ti'n Dduw 'o dragwyddoldeb hyd dragwyddoldeb'. Eto, at bwy yr awn ni ond atat ti yn Iesu Grist, oherwydd gennyt ti y mae geiriau bywyd tragwyddol.

Ceisiwn dy gymorth yn ostyngedig i'n sefydlogi ni'n hunain ac i allu canolbwyntio ein meddyliau arnat ti. Gwibiog ac ansefydlog yw ein meddyliau ni ar y gorau, ond yn arbennig felly ar ddechrau blwyddyn. Symudwn o hyd rhwng ddoe ac yfory. Nid ydym yn fodlon ar y gorffennol a phryderwn am y dyfodol. Ni allwn newid dim ar y gorffennol ac ni wyddom beth a all ddigwydd yn y dyfodol. Dyro inni brofiad y Salmydd mai 'ti Arglwydd, fuost yn breswylfa i ni ym mhob cenhedlaeth'. Trwy dy gynhaliaeth di y daethom cyn belled â hyn ac ni allwn gamu allan o'th ofal a'th gynhaliaeth.

Diolchwn i ti, O! Dduw, am brofiad cyfoethog y Salmydd ac am iddo'i groniclo mewn cerdd afaelgar. Ni wyddom ddim amdano nac am amgylchiadau ei fyw. Ni wyddom pryd yr oedd ef yn teithio'r ddaear hon. Ond gwyddom iddo yntau yn ei dro deimlo'i fychander a'i ansicrwydd a'th gael di'n breswylfod iddo. Dyro i ninnau heddiw ymwybyddiaeth o'th fawredd anchwiliadwy ac o'th agosrwydd diarwybod atom. Dyro i ninnau allu mynegi yn ein bywydau yr hyn a fynegodd y Salmydd yn ei gerdd.

Yn ein hymwybyddiaeth ohonom ein hunain, galluoga ni i archwilio'n calonnau a'n meddyliau. Dyro inni ddwyster a gonestrwydd i wneud hynny, fel y gwnaeth eraill ar hyd y canrifoedd.

'Chwilia f'enaid, gyrrau 'nghalon,
Chwilia'i llwybrau maith o'r bron,
Chwilia bob ystafell ddirgel,
Sydd o fewn i gonglau hon:
Myn i maes bob peth cas
Sydd yn atal nefol ras.'

Gwna ni'n ymwybodol na allwn guddio dim rhagot. 'Gosodaist
ein hanwiredd ger dy fron, ein dirgel bechodau yng ngoleuni dy
wyneb.' Cryfha'n hymddiriedaeth ynot fel y gallom ein mynegi ein
hunain ger dy fron.

O! Arglwydd, cyn inni gychwyn ar flwyddyn newydd dyro inni
geisio cael gwared â'r flwyddyn sydd wedi mynd heibio. Diolchwn
am y cyfan a gawsom mewn gwybodaeth a phrofiad ac am bob
datblygiad mewn meddwl ac ysbryd. Trysorwn y profiadau a gawsom
yn ein perthynas â'n gilydd ac yn ein perthynas â thydi, profiadau a
fydd yn gymorth inni yn y dyfodol. Ond dyro inni gael  gwared â'r
pethau sy'n ein caethiwo ac yn ein darostwng, yn ein perthynas â'n
gilydd ac yn ein perthynas â thi. Dyro inni gael gwared â'r pethau
sy'n faich ac yn rhwystr ac na allwn eu cario ymhellach. Boed inni eu
bwrw ymaith - rhagfarnau, geiriau cas, eiddigedd, anffyddlondeb,
methiant i gymodi, a llu mawr o wendidau eraill y cawn hi'n anodd
eu cyffesu a'u cydnabod ger dy fron ac y gwyddom dy fod ti wedi eu
maddau. Dyro inni o'r newydd brofiad yr emynydd:

'Mi dafla 'maich oddi ar fy ngwar
Wrth deimlo dwyfol loes;
Euogrwydd fel mynyddoedd byd
Dry'n ganu wrth dy Groes.'

Dyro inni gael gwared â beichiau a gofidiau y flwyddyn a aeth
heibio. Gweddïwn am arweiniad yr Ysbryd Glân i ymgyflwyno i Iesu
Grist gan sylweddoli mai 'Ef yw'r ffordd, y gwirionedd a'r bywyd'.
Ynddo ef, ac iddo ef a thrwyddo ef y gallwn fyw'n llawn. Gwna ni'n
fwy anturus dros Iesu Grist yn ein cenhadaeth. Gwna ni'n fwy ffyddlon
iddo yn ein byw. Gwna ni'n fwy didwyll yn ein haddoliad. Gwna
ni'n fwy tebyg iddo. Trwy hyn oll, dyro inni allu byw'n llawnach, yn
ffyddlonach ac yn helaethach, fel plant i ti. Dyro inni allu rhedeg ein
gyrfa gan edrych ar Iesu, pentywysog a pherffeithydd ein ffydd, er
gogoniant i'th enw. Amen.

John Owen

# Gŵyl Ddewi

**Darlleniad**       **Salm 33, 12-22**
                  **Galatiaid 6, 1-10**

Clodforwn di, O! Dduw a Thad yr oesoedd. Gelwi rai o hyd i'th wasanaethu. Diolchwn am dy ffyddlondeb i Gymru. Canmolwn di am y modd bu iti lefaru a gweithredu drwy Dewi Sant. Hefyd, cofiwn am y neges a drosglwyddaist drwyddo inni fel Cymry.

Gad inni sylweddoli ein bod yn freintiedig, a lle bynnag fod yna freintiau, fod yn gyfrifoldebau hefyd.

'Â chalon wresog rhoddwn glod
I'th enw di ar ddydd ein Sant.
Rho inni flas ar eiriau'r nef
Yn iaith ein gwlad, i'w hachub hi.'

Gwerthfawrogwn dy fod wedi'n galw ni i wasanaethu'n hoes. Boed inni, O! Dad, drwy dy ras, weithredu fel y gweithredodd Dewi. Deisyfwn ar i'r Arglwydd a arddelai Dewi, gael ei arddel eto fel Arglwydd yng Nghymru. 'Gwyn ei byd y genedl y mae'r Arglwydd yn Dduw iddi,' medd y Salmydd.

Trwy dy Ysbryd Glân, argyhoedda ni fel cenedl o bechod, cyfiawnder a barn. Plyga ni mewn edifeirwch. Maddau inni am roi ein hymddiriedaeth mewn pethau yn hytrach nag yn y person Iesu. Gwared ni rhag ysbryd balch, cul a hunangyfiawn. Helpa ni i gyfaddef ein gwendidau ein hunain a gwerthfawrogi galluoedd ein gilydd fel y gallom gyd-dynnu a chydweithio er budd a lles Cymru.

Gyda diolch, O! Dad, cofiwn i'r Arglwydd Iesu ddod i'r byd hwn, i'n mysg, i wasanaethu a bod yn Waredwr inni. Gweddïwn am ras i gario beichiau ein gilydd, ac felly cyflawni 'Cyfraith Crist,' gan gofio dy fod di yn dy drefn wedi sicrhau 'beth bynnag y mae dyn yn ei hau, hynny hefyd y bydd yn ei fedi.'

Cyflwynwn iti deulu'r ffydd, ein brodyr a'n chwiorydd yng Nghrist yng Nghymru heddiw. Deisyfwn am ras i fod yn llawen, cadw'r ffydd a'r gred, a gwneud y pethau bychain.

O! am 'ymddwyn yn unol â'r safon yr ydym wedi ei chyrraedd' yng Nghrist. Gwared ni rhag diystyru 'dydd y pethau bychain', ein Tad. Cynorthwya ni i fod yn ffyddlon yn y lleiaf. Na foed inni fod yn rhy fawr i gymryd sylw o'r unigolyn, a'i wasanaethu lle bynnag y cawn ein hunain yn dy wasanaethu.

Bydded i ninnau fedru dweud a gweithredu fel dy was, Job; ein bod yn gwneud i galon y weddw lawenhau; ein bod yn llygaid i'r dall; ein bod yn draed i'r cloff; ein bod yn dad i'r tlawd; a'n bod yn chwilio i achos y sawl nad adwaenom.

'Pâr i'n cenedl annwyl rodio
Yn dy ofn o oes i oes,
Gyda'i ffydd yng ngair y cymod,
Gyda'i hymffrost yn y Groes.'

'Er mwyn dy Fab a'i prynodd iddo'i hun,
O! crea hi yn Gymru ar dy lun,
A'n heniaith fwyn â gorfoleddus hoen
Yn seinio fry haeddiannau'r addfwyn Oen.'

O! Dad, cynorthwya ni i ddibynnu ar dy allu di i ddefnyddio'r hyn a roddwn ar allor dy wasanaeth i'th bwrpas tragwyddol ar gyfer y genedl hon y bu i Dewi Sant ei gwasanaethu mor ffyddlon yn ysbryd dy annwyl Fab Iesu. Boed hyn oll yn gyfle i'th ogoneddu di, ac yn fodd i ymestyn dy deyrnas a'th lywodraeth di yng Nghymru. Yn enw Iesu, yr hwn a ddyrchafwn yn ben, a'r un y plygwn yn ostyngedig ger ei fron. Haleliwia! Amen.

Gareth Hughes

# Y Gwanwyn

| | |
|---|---|
| **Darlleniad** | **Salm 34, 11-22**<br>**Luc 2, 41-52** |

Arglwydd, creawdwr a chynhaliwr y tymhorau ydwyt. O'th ddoethineb, daw pob un ohonynt yn ei dro gyda'i bwrpas arbennig ei hunan. Yn wir, clodforwn di nid yn unig am dy ddoethineb, ond hefyd am dy drefnusrwydd.

'Daw'r gwanwyn â newyddion da.' Diolch i ti am sicrhau y tymor hwn o obaith inni. Diolch am gael gweld croth natur yn agor i roi bywyd ifanc a thyfiant wedi'r gaeaf. Dotiwn, O! grëwr hael, at y grym, yr egni a'r ffresni. Dotiwn hefyd at y ffaith fod y bywyd newydd yma yn dod i'r golwg mor ddi-stŵr. Clod i ti fod byd natur mewn ufudd-dod i ti ac, oherwydd ei ufudd-dod, yn foliant i ti. Maddau inni ein hanufudd-dod i ti. Rhaid inni gydnabod ein bod yn dioddef canlyniadau echrydus ein gwrthryfela i'th erbyn. Anrhefnus yw ein bywydau, ac o ganlyniad anhrefn welwn o'n cwmpas.

Diolchwn, O! Dad, nad oes unrhyw sefyllfa yn anobeithiol gyda thi. Pâr inni sylweddoli hynny gyda dyfodiad y gwanwyn fel hyn. 'Dechreuad doethineb yw ofn yr Arglwydd,' medd dy Air. Dywed yr emynydd:

> 'Bydd llai o ddagrau, llai o boen,
> Pan gaiff yr Oen ei barchu.'

Cofiwn gyda chlod a diolch i ti y tymor hwn fod 'yr Oen di-fai fu farw dros y byd', wedi dod allan o'r bedd yn fyw y trydydd dydd! Haleliwia! Mawrygwn di am y gobaith mae Ef wedi sicrhau i'r sawl a gredo ynddo.

Gwerthfawrogwn, ein Tad, wanwyn ein bywydau a'r cychwyniad gawsom mewn awyrgylch Cristnogol. Diolch i ti am ffyddlondeb y rheiny ddaliodd ati i hau hadau'r ffydd Gristnogol yn ein bywydau.

Clodforwn di am iti ein harwain at y bywyd newydd yng Nghrist drwy dy Ysbryd Glân. Gweddïwn y byddi, trwy'r un Ysbryd, yn ein cadw'n iraidd ac egniol er mwyn Iesu sy'n rhoi blas i fywyd ac ar fyw.

Pâr inni sylweddoli fod yna werth i'r amser tawel pryd y deuwn 'yn fwy tebyg i Iesu Grist yn byw', wrth inni 'ddal cymundeb' â thi fel y gwnâi efe. Bendigwn di am yr arferion da byddai Iesu yn eu cadw. Difrifola ni i'r ffaith mai ni sy'n gwneud ein harferion, ac y bydd yr arferion hynny, ymhen amser, yn ein gwneud ni.

A hithau'n dymor yr hau a'r plannu, gweddïwn am ras i wneud hynny'n ffyddlon, gyda gobaith ac amynedd, nid yn unig ym myd natur, ond hefyd ym myd yr Ysbryd gan ymddiried y cynhaeaf i'th ofal di.

Boed i'r plant a'r ieuenctid yr ydym ni mewn cysylltiad â hwy ein cael yn ffyddlon iddynt ac yn amyneddgar yn ein hymwneud â hwy. Helpa ni i weld y ptotensial ynddynt yn hytrach na'u gweld fel problem.

Clod i ti dy fod wedi sicrhau nad 'yw dwylo plentyn yn rhy wan' i waith dy deyrnas. Deuwn felly â'r rheiny sydd yng ngwanwyn eu dyddiau i'th ofal tirion a thadol. Helpa hwy i ddewis yn ddoeth; i ofalu am eu cyrff; i ddefnyddio'u gwybodaeth i ddibenion cywir ac adeiladol; i fod yn gyfrifol i'r naill a'r llall; ac i dyfu mewn ffafr gyda thi.

Pan wnawn gamgymderiadau, diolch dy fod yn barod i faddau a rhoi cychwyn newydd, ffres inni. Boed i'r rheiny sy'n teimlo ei bod hi wedi mynd i'r pen arnynt brofi dy wanwyn newydd di yn Iesu Grist, a hwnnw'n symbyliad a gobaith iddynt i ddal ati gyda phwrpas. Yn enw Iesu, y 'ffordd a'r gwirionedd a'r bywyd.' Amen.

Gareth Hughes

# Y Grawys

**Darlleniad**   Salm 139, 23-24
              Ioan 13, 31-35

'Arweinydd pererinion', diolchwn i ti am sicrhau nod, pwrpas ac ystyr i fywyd ar y ddaear. Dwyt ti ddim am i neb ohonom grwydro'n ddiystyr a dibwrpas.

> 'Tro atom ni, O! Dad ein Harglwydd Iesu,
> I'n harwain ato ef.'

Ie, tyrd â ni i'r man rwyt ti am inni ddod iddo yn Iesu, yr hwn sydd yn gwaredu, bendigaid Fab y nef. 'Dwg ni i ffordd llesâd' yn y gwasanaeth hwn heddiw.

Fel y nesawn atat, diolchwn y bydd i tithau nesáu atom ni. Trwy dy ras, pâr i'r Grawys hwn fod yn amser o ddisgyblaeth a pharatoi ysbrydol inni ar gyfer y Groglith a'r Pasg.

> 'Moliannwn di, O! Arglwydd,
> Wrth feddwl am dy ras
> Yn trefnu ffordd i'n gwared
> O rwymau pechod cas:
> Wrth feddwl am y gwynfyd
> Sydd yna ger dy fron
> I bawb o'r gwaredigion,
> 'N ôl gado'r fuchedd hon.'

Haleliwia! Clod i ti am i ti yn Iesu ddod atom lle rydym, - i ganol ein cyflwr a'n hangen fel pechaduriaid colledig. Allan o gariad atat ti, ac allan o ufudd-dod i ti, y Tad tragwyddol, daeth yr Arglwydd Iesu, yr un perffaith, atom ni, yr amherffaith. Yn ifanc, cymerodd y llwybr a arweiniodd i'r Groes. A diolchwn i ti am iddo ef wneud i'r ychydig flynyddoedd y bu yma gyfrif a bod o werth. Diolchwn i ti ei fod ef wedi medru defnyddio bob dim a ddaeth i'w ran. Diolch mai ef oedd y meistr ar yr amgylchiadau, ac nad oedd yr amgylchiadau'n feistr arno ef.

Y Grawys hwn, O! am weld fod yr Arglwydd Iesu'n ein gwahodd i fynd yr holl ffordd gydag ef. Ydym, O! Dad, rydym fel aelodau dy Eglwys am gael archwiliad manwl gennyt y Grawys hwn. Ymdawelwn yn dy bresenoldeb sanctaidd yn awr. Ac wrth i ninnau ymdawelu, amlyga dithau'r pethau hynny sy'n groes i'th ewyllys, sy'n atal gwaith dy ras ac sy'n rhwystro dy deyrnas rhag ehangu.

*Cyfnod o dawelwch*

Rydym yn euog o hunan-dyb a mympwy. Maddau inni. Rydym yn euog o goegni a gweld beiau; rydym yn llawn hunanddiddordeb. Maddau inni. Rydym yn euog o lwfrdra moesol; rydym yn golchi'n dwylo o'n cyfrifoldebau fel Cristnogion. Maddau inni. Rydym yn euog o adweithio yn anghristnogol yn hytrach na gweithredu yn Gristnogol. Maddau inni. Rydym yn agos at Iesu, ond eto'n euog o'i fradychu a'i wadu. Maddau inni. Rydym yn euog o ariangarwch. Maddau inni. Rydym yn euog o hwyluso pethau ar draul eraill er ein mantais ein hunain. Maddau inni. Rydym yn euog o falchder. Maddau inni. Rydym yn euog o gamddefnyddio Iesu er mwyn ein bwriadau hunanol. Maddau inni. Rydym yn euog o droi addoliad yn adloniant. Maddau inni.

Helpa ni i gerdded gyda'r Gwaredwr Iesu i Galfaria, gan fyfyrio'n dawel uwch yr hyn a olygai'r daith boenus honno iddo. Ydym, rydym am fynd yr holl ffordd gydag ef, gan ein hildio ein hunain iddo'n llwyr, fel y medr ef gymryd trosodd ynom. Clod i ti ei fod ef, O! Dad, wedi ei roi ei hun yn llwyr trosom er mwyn i ni, yr annheilwng rai, fedru bod yn eiddo llwyr iddo Ef am byth.

'Dim ond calon lân all ganu,
Canu'r dydd a chanu'r nos.'

Caner tragwyddol glod i ti, ein Tad, yr un wnaeth y 'ffordd yn rhydd i'r nefoedd wen'. Yn enw ac yn haeddiannau Iesu. Amen.

Gareth Hughes

# Sul y Blodau

**Darlleniad**     **Salm 2, 1-12**
             **Ioan 12, 12-26**

Greawdwr pob harddwch, diolchwn heddiw am brydferthwch y blodau. Diolchwn hefyd am y synhwyrau sydd gennym i'w gweld a'u hogleuo. Canmolwn di eu bod yn arwyddion o anwyldeb a gwerthfawrogiad. Maent wedi bod yn gyfryngau i ddod â llonder i ni sydd wedi'u derbyn a'r rheiny y cawsom y fraint o'u rhoi iddynt.

Y cyfan fedrwn ni ei wneud, O! Dad, yw eu plannu a'u trin. Ti sy'n peri iddynt dyfu. Ac mae'n peri syndod inni fod i bob blodyn ei arbenigrwydd ei hun. Dotio wnawn wrth feddwl amdanat yn creu'r holl harddwch, ac wrth sylweddoli bod yna bwrpas i'r cyfan rwyt ti wedi ei ddarparu ar ein cyfer yn y byd hwn. Does arnat ti ddim un ddyled inni, mewn gwirionedd, ac eto rwyt yn rhoi popeth inni. Maddau inni am gymryd cymaint yn ganiataol yn lle eu derbyn gyda diolch.

Mae arnom ni ddyledion lawer i ti, ac eto, ychydig a roddwn iti. Maddau inni ein bod mor ddigywilydd. A hithau'n Sul y Blodau, cofiwn gyda diolch, O! Dad, am daith dy unig-anedig Fab, Iesu, i Jerwsalem. Hosanna! Haleliwia! Seiniwn yn uchel yma heddiw. Roedd ei wyneb ef tua Jerwsalem. Ni fedrai dim ei atal. Mynnnai fynd yr holl ffordd. Dim troi'n ôl. Dim anwadalwch. Dim llwfrdra. O! am olwg newydd ar ei fawrhydi a'i fawredd y Sul hwn.

Byddwn yn ei arddel a'i ganmol, ein Tad, pan fydd hi'n flodeuog yn ein hanes. Gweddïwn am ras i ddal i'w ddilyn, ei arddel a'i ganmol pan nad yw hi mor flodeuog. Gwared ni rhag bod yn anwadal a llwfr. Yn hytrach, gad inni fod yn Gristnogion sy'n benderfynol o ddilyn yr Arglwydd Iesu costied a gostio.

Er mawr gywilydd inni fel Cristnogion, rydym wedi gwneud a

dweud llawer o bethau na ddylem fod wedi'u gwneud na'u dweud. Edifarhawn am hynny. Fel Cristnogion hefyd, nid ydym wedi gwneud na dweud llawer o bethau y dylem fod wedi'i gwneud a'u dweud. Bu inni golli'r cyfle. Edifarhawn am hyn eto. Clodforwn di am Iesu, 'Lili'r Dyffryn'. Clod i ti am ei enedigaeth 'wyrthiol', 'ei febyd gwyn', 'ei fywyd pur, dihalog', ac 'am Galfaria fryn.' Clodforwn di am mai ef yw'r un harddaf yng ngardd yr Atgyfodiad. Haleliwia! Clodforwn Di am Iesu, 'Rhosyn Saron':

'Rhosyn Saron yw ei enw,
Gwyn a gwridog, teg o bryd;
Ar ddeng mil y mae'n rhagori
O wrthrychau penna'r byd:
Ffrind pechadur,
Dyma'r Llywydd ar y môr!'

Rydym yn ymwybodol, O! Dad, fod drain a rhosod yn mynd gyda'i gilydd. Diolchwn, felly, fod 'Rhosyn Saron,' Iesu, wedi bod yn barod i wisgo'r goron ddrain drosom ni.

Gweddïwn am gael bod yn debyg i Iesu, 'Lili'r Dyffryn' a 'Rhosyn Saron', yn bur, hardd ac atyniadol, gan ddod â llawenydd a chysur i'r rheiny a gyfarfyddwn yn ein bywyd bob dydd a chan daenu ar led bersawr yr adnabyddiaeth ohono.

'Gad inni beunydd fyw
Dan wlith cawodydd Duw
Yn iraidd hardd;
Dy awel dyner di,
Wrth ddod o Galfari,
A wnelo'n bywyd ni
Fel nefol ardd.'

Mae Iesu o'n tu. Dad sanctaidd, boed iddo ef ein cael ni o'i du ef. Deisyfwn i dyrfa ddi-rif ddod o'i du a dod trosodd i'w ochr y Sul y Blodau hwn.

Yn 'd'enw pur', Arglwydd arglwyddi a Brenin brenhinoedd. Amen.

Gareth Hughes

# Y Groglith

| | |
|---|---|
| **Darlleniad** | **Salm 22, 12-24** |
| | **Ioan 19, 16-30** |

Clod tragwyddol i ti, ein Tad, yr hwn wyt yn y nefoedd, am garu'r byd cymaint nes i ti roi dy unig Fab, 'er mwyn i bob un sy'n credu ynddo ef beidio â mynd i ddistryw ond cael bywyd tragwyddol.' Do, bu i ti gario'r Groes ar dy galon yn nhragwyddoldeb cyn i ti ei chario ar dy gefn i Galfaria. Fel yr edrychwn ar y Groes, gwelwn faint dy gariad tuag atom - cariad tragwyddol, heb ddechrau na diwedd iddo.

Ein gweddi y Groglith hwn yw y bydd i'n cariad ymateb i'th gariad di mewn modd cadarn a phendant.

> 'O! annwyl Arglwydd Iesu,
> Boed grym dy gariad pur
> Yn torri 'nghalon galed
> Wrth gofio am dy gur.'

Dad trugarog, medrent forthwylio'r bywyd allan o Iesu ar Galfaria, ond clodforwn di na fedrent forthwylio'r cariad allan ohono. Haleliwia! Diolch i ti am y modd derbyniodd yr Arglwydd Iesu y cyfan a ddaeth i'w ran gan ddefnyddio hynny i'th bwrpas di ac er clod i ti. Medrai wneud hynny gan nad oedd unrhyw gasineb, hunandosturi nac awydd dial yn perthyn iddo. Gweithredu'n Gristnogol wnâi ef yn hytrach nag adweithio'n anghristnogol. Maddau ein bod ni mor annhebyg iddo'n aml. Maddau'r casineb, yr hunandosturi, y dyhead i dalu'n ôl a'r adweithio anghristnogol a berthyn inni.

Clodforwn di fod Iesu wedi concro drygioni trwy beidio â bod yr un fath ag ef. Gweddïwn am ras a nerth i weithredu'n anhunanol fel y gwnaeth ef. Hyd yn oed yn ei ddioddefaint a'i farwolaeth, ein Tad, meddwl am eraill wnaeth Iesu. Rhoddodd ei fam i ofal Ioan, a Ioan i ofal Mair.

Gwelwn yn glir, Dad, nad gofyn am gydymdeimlad wna Iesu, ond gofyn inni am gyflwyno'n hunain iddo. Pâr inni sylweddoli po fwyaf o'r hunan a ildiwn Iddo, mwyaf o le sydd ynom Iddo fedru cymryd trosodd ynom a byw ei Fywyd ynom a thrwom. Cynorthwya ni y Groglith hwn i'n rhoi ein hunain, ein heiddo a'n hamgylchiadau yn llwyr i'r hwn a'i rhoes ei hun yn llwyr trosom. Canmolwn di mai croes tosturi yw croes Iesu:

'Un Iesu croeshoeliedig
Yn feddyg trwy'r holl fyd.'

Rhown glod tragwyddol i ti, ein Tad, nad ydym fel rhai sydd heb obaith wrth inni gredu yn Iesu a derbyn ei aberth fel ein hunig obaith am faddeuant pechodau a bywyd tragwyddol.

'Yn awr hen deulu'r gollfarn,
Llawenhawn;
Mae'n cymorth ar un cadarn,
Llawenhawn:
Mae galwad heddiw ato,
A bythol fywyd ynddo;
Ni chollir neb a gredo,
Llawenhawn;
Gan lwyr ymroddi Iddo,
Llawenhawn.'

Trwy farwolaeth, diddymodd Iesu'r hwn sy'n rheoli marwolaeth, sef y diafol, a rhyddhau'r rheini oll oedd, trwy ofn marwolaeth, yng ngafael caethiwed ar hyd eu hoes! Haleliwia!

'Clod byth i'r Oen am roi ei fryd
Ar fyd mor ddrud i'w brynu;
Cydganwn gyda theulu'r nef -
Rhaid Iddo ef deyrnasu.'

'Teilwng yw'r Oen a laddwyd i dderbyn gallu, cyfoeth, doethineb a nerth, anrhydedd, gogoniant a mawl'. 'I'r hwn sy'n eistedd ar yr orsedd ac i'r Oen y bo'r mawl a'r anrhydedd a'r gogoniant a'r nerth byth bythoedd!' Yn enw gogoneddus Iesu. Amen.

Gareth Hughes

# Y Pasg

## Darlleniad    Mathew 24, 1-24

Diolchwn i ti ein Tad am newyddion syfrdanol dy Air iti atgyfodi dy Fab, Iesu Grist, o'r bedd yn fyw, ac am gyfle'r oedfa hon i ddathlu hynny mewn gorfoledd a llawenydd mawr. Cydnabyddwn nad ydym fel meidrolion yn deall y dirgelwch rhyfedd hwn, na chwaith yn abl i'w egluro â'n geiriau brau. Ond gwyddom trwy dy Air mai dirgelwch dy gariad anfeidrol ydyw, a bod dy fab Iesu Grist mor fyw heddiw ag erioed. Yn wir, ein Tad, dyma yw ein ffydd a'n gobaith - fod Iesu Grist yn Arglwydd bywyd a marwolaeth, ac mai yn ei law ef y mae dyfodol ein bywyd.

Diolchwn i ti, ein Tad, am dystiolaeth dy Air i brofiadau amrywiol y disgyblion ar fore'r trydydd dydd - rhai yn credu ar ôl amau, ac eraill yn credu yn y fan a'r lle. Cydnabyddwn ein bod yn debyg iawn i'r disgyblion gynt, yn credu, ac eto'n llithro yn aml i anghrediniaeth. Ond bendigwn dy enw mai dod at rai fel ni wnaeth dy Fab, Iesu Grist. Cofiwn y disgyblion yn ofnus yn yr oruwchystafell a drysau eu meddyliau wedi cau, y ddau ddisgybl yn cerdded adre i Emaus yn isel eu hysbryd ac yn wag eu calon, a Mair yn ei dagrau yn yr ardd yn gweld y bedd heb adnabod ei Harglwydd.

O! Arglwydd Iesu Grist, yr hwn a ddaeth at y disgyblion er bod y drysau wedi eu cloi, tyrd atom ni hefyd i'r oedfa hon. Datglo ni, a thyrd i mewn, fel y teimlwn wres dy gariad yn cynhesu ein calonnau, a chyfarchiad dy Air, 'Tangnefedd i chwi', yn gwefreiddio ein heneididau.

O! Arglwydd, diolchwn i ti am ein hanrhydeddau â'th bresenoldeb yn yr oedfa hon. Dy bresenoldeb sy'n rhoi blas nefol ar ein cymdeithas ac yn peri inni sylweddoli fod mwy i'r cyfarfod hwn na chwmni ein gilydd, oherwydd, fel y dywedaist wrth dy ddisgyblion gynt, 'lle y mae dau neu dri wedi dod ynghyd yn fy enw i, yr wyf yno yn eu canol hwynt'.

Bendigwn dy enw am dy addewid gwerthfawr i fod gyda ni yn y canol, ac am nad yw dy bresenoldeb yn dibynnu ar nifer ein cynulleidfa, na chwaith ar gryfder ein ffydd ynot ti. Cyffeswn ein llesgedd ysbrydol a'n diffyg ffydd yn aml, ond nid ydym heb obaith, oherwydd yr wyt ti gyda ni i'n nerthu yn ein gweddi, ac i'n hysbrydoli yn ein gwaith.

Gweddïwn dros dy Eglwys yn ei chenhadaeth fawr yn y byd. Yn dy drugaredd, gwna hi yn offeryn cân i lawenydd yr efengyl, ac yn gartref bendith i bwy bynnag sy'n credu ynot ti. O! Arglwydd, llwydda waith dy Eglwys ar yr ŵyl arbennig hon. Planna neges dy Air yng nghalonnau dy genhadon, a nertha hwy i gyhoeddi'r newyddion da o lawenydd mawr. Gweddïwn ar iti agor meddyliau dy bobl i ddirgelwch dy atgyfodiad, ac i'w hymgyflwyno eu hunain o'r newydd i feddyginiaeth dy gariad.

Gweddïwn dros dy Eglwys yn lleol ac yn y tŷ hwn. Erfyniwn dy fendith ar ein gwasanaethau, fel y bydd ein haddoliad yn destun clod i ti, ac yn gyfrwng cenhadaeth yn ein plith. Gweddïwn dros ein cyfeillion a'n cydnabod sy'n methu credu efengyl y bedd gwag. O! Arglwydd, defnyddia ni i'w tywys i awyrgylch addoliad dy Eglwys. Yn dy dosturi, meddala eu calonnau â grym yr Ysbryd Glân, agor eu meddyliau â gwirionedd dy Air, a llanw wacter eu bywydau â gorfoledd dy gariad.

Yn ein gweddïau, ein Tad, cyflwynwn ein hannwyliaid, ein cyd-aelodau a'n gilydd i'th sylw cariadus. Yn dy allu mawr, yr wyt yn gwybod am ein holl anghenion. Diolchwn am dy ofal llwyr ohonom. Gweddïwn ar i ti estyn dy ofal dros y cleifion a'r henoed, a phawb o'th blant sy'n amddifad o gariad. Clyw ein cri drostynt ac ateb ni yn ôl dy drugaredd a'th ddoethineb yn enw ein Gwaredwr byw Iesu Grist. Amen.

John Lewis Jones

# Y Sulgwyn

**Darlleniad**    **Actau 2, 1-13**

Diolchwn, i ti ein Tad am yr ŵyl arbennig hon yn hanes dyEglwys, ac am gyfle'r Sul hwn i ddathlu tywalltiad yr Ysbryd Glân, ac i brofi unwaith eto o'i fendithion. Diolchwn i ti am y fendith rydym wedi ei derbyn yn barod yn yr oedfa hon; y fendith o wrando neges dy Air, o ganu clod i'th enw, ac o agor ein calonnau i ti mewn gweddi, a chael gwneud hynny dan weinidogaeth yr Ysbryd glân.

Diolchwn i ti hefyd am ddoniau amrywiol a bendithiol yr Ysbryd - am ddawn yr Ysbryd i'n diddannu pan fyddwn mewn trallod colli anwyliaid; am ddawn yr Ysbryd i brocio'n cydwybod pan fyddwn yn cyfeiliorni ac yn pechu; am ddawn yr Ysbryd i oleuo'n deall pan fyddwn yn methu amgyffred gwirioneddau dy Air; ac am ddawn yr Ysbryd i gynhesu'n calonnau pan fyddwn yn araf i gofleidio dy gariad yn Iesu Grist.

O! Dduw, wrth ddiolch am weinidogaeth gyfoethog yr Ysbryd Glân yn ein plith, erfyniwn arnat i barhau i weithio'n rymus ynom, fel y bydd ein haddoliad yn dystiolaeth loyw i'r efengyl sanctaidd ac yn destun clod i ti.

Clodforwn dy enw am dy weithredoedd mawrion yn hanes ein cenedl - y modd y plygaist dy bobl i edifarhau am eu pechodau ac i geisio trugaredd a maddeuant yn Iesu Grist. Clodforwn dy enw hefyd am ymweliad nerthol yr Ysbryd a ysgubodd anghrediniaeth o'n gwlad ac a gasglodd dy bobl i loches y gorlan nefol. Do:

'Clywsom am y rhyfeddodau
Wnaethost yn y dyddiau gynt;
Pryd y siglwyd cedyrn gaerau
Llygredd gan y nefol wynt.'

O! Dduw, edrych yn drugarog ar Gymru heddiw yn ei thlodi mawr, a gwêl yn dda i weithredu dy Ysbryd yn nerthol unwaith eto yn ein gwlad trwy dywys dy bobl yn ôl i glyw'r efengyl, ac i flasu o'r newydd foddion dy ras yn Iesu Grist.

Gweddïwn dros dy Eglwys heddiw yn ein gwlad. Fel yn y dyddiau gynt, planna neges dy Air yn ddwfn yng nghalonnau dy weision, a bendithia hwy â hyder cariad i bregethu Crist gydag arddeliad mawr. Yn dy drugaredd, rho syched yn aelodau dy Eglwys am weinidogaeth y Gair, ac am wir adnabyddiaeth o'r Arglwydd Iesu Grist.

Gweddïwn dros dy Eglwys heddiw yn y tŷ hwn. Diolchwn am dy ymwneud grasol â ni drosom ar hyd y cenhedlaethau, ac am weinidogaeth yr Ysbryd Glân arnom. Cyffeswn inni ddiystyru gofal yr Ysbryd ohonom lawer gwaith gan ymddiried yn ein galluoedd pitw ein hunain. Yn ein cywilydd, aethom yn llugoer ein hagwedd, yn llwfr ein tystiolaeth ac yn wan ein ffydd.

O! Dduw yr Ysbryd Glân, bywha ni drwy gynhesu ein calonnau i garu Iesu Grist, ac i garu ein gilydd; bywha ni drwy rymuso ein tystiolaeth fel y daw eraill yn yr ardal hon i brofiad o'th ras, a bywha ni drwy gryfhau ein ffydd fel y byddom yn Gristnogion gwytnach ein ffydd, a pharotach ein hysbryd i wasanaethu'r Hwn a'n prynodd ar y Groes.

> 'O! na byddai cariad Iesu,
> Megis fflam angerddol gref,
> Yn fy nghalon i'w chynhesu,
> Fel y carwn ninnau Ef.'

Clyw ein gweddïau, a gwêl yn dda i'n hateb ni yn ôl dy drugaredd a'th ddoethineb. Gofynnwn hyn yn enw ein Gwaredwr a'n Harglwydd Iesu Grist. Amen.

John Lewis Jones

# Yr Haf

Diolchwn i ti heddiw, ein Tad, am dymor yr haf, ac am awyrgylch fendithiol dy gredigaeth yr adeg hon o'r flwyddyn pryd y mae'r coed yn eu gogoniant, y blodau yn eu gwisgoedd gorau, a'r caeau o'n cwmpas yn llawn porfa a bwyd i ddyn ac anifail.

Diolchwn i ti am harddwch ein gwlad - ei dyffrynnoedd ffrwythlon a'i hafonydd byw rhedegog, ei llynnoedd llonydd a'i mynyddoedd geirwon, ac am aruthredd y môr yn golchi ei glannau. O! Dduw, rho inni lygaid i ryfeddu at harddwch dy greadigaeth, clustiau i fwynhau cân aderyn yn y llwyn a bref anifail yn y caeau, a chalon i werthfawrogi'r cyfan mewn diolchgarwch i ti. O! Greawdwr daionus, mor ardderchog yw Cymru ein gwlad yn nhymor yr haf, ac i ti heddiw y rhoddwn ein clod. Ond, er hardded yw dy greadigaeth, fe ganmolwn dy enw heddiw am yr harddwch mwy hwnnw nad yw'n dirwyn i ben nac yn darfod mewn amser. Cydnabyddwn gyda'r Salmydd fod ein dyddiau ni fel glaswelltyn yn tyfu ac yn blodeuo, ac yna'n darfod ac yn diflannu. Ond yr wyt ti, ein Tad, o dragwyddoldeb i dragwyddoldeb, ac y mae harddwch dy gariad yn Iesu Grist mor fendgiedig heddiw ag erioed. Canwn gyda'r emynydd:

'Rhosyn Saron yw ei enw,
Gwyn a gwridog, teg o bryd;
Ar ddeng mil y mae'n rhagori
O wrthrychau penna'r byd:
Ffrind pechadur,
Dyma'r Peilot ar y môr.'

Diolchwn i ti ein Tad am harddwch person dy Fab, Iesu Grist pan oedd ar ein daear; am harddwch ei ostyngeiddrwydd tuag at ei rieni;

am harddwch ei anwyldeb tuag at y plant a gasglai o'i amgylch; am harddwch ei dosturi tuag at y cleifion; am harddwch ei ymwneud grasol â'i ddisgyblion, ac am harddwch ei gariad tuag atom ar Groes Calfaria.

Canmolwn dy enw, ein Tad, am bawb sydd wedi dod dan gyfaredd harddwch Iesu Grist, ac sy'n adlewyrchu ei gariad yn eu bywydau ac yn eu hymroddiad i wasanaethu eu cyd-ddynion. Yn dy drugaredd, gwna ninnau hefyd yn gyfryngau yn dy law i estyn dy gariad i'n gilydd, ac i bwy bynnag a'i myn.

Gweddïwn dros bawb sy'n amddifad o ofal cariadus tad a mam ac anwyliaid, a thros eraill sy'n ddi-ymgeledd o gysgod Eglwys ac mewn anwybodaeth o'th gariad anfeidrol yn Iesu Grist. O! Dad, trwom ni, cysura hwy, a llanw hwy ag ysbryd ymddiried yn nhrefn dy ras.

Gweddïwn dros bawb sy'n methu mwynhau tymor yr haf oherwydd afiechyd a gwendid henaint. O! Dad, llewyrcha arnynt wres dy gariad fel na bydd eu cariad tuag atat yn oeri, na chwaith yn diffodd yn wyneb stormydd bywyd.

Diolchwn, ein Tad, am iechyd i fwynhau'r haf ac am nerth i gyflawni ein gwaith o ddydd i ddydd. Diolchwn hefyd am wyliau'r haf i ymryddhau o gyfrifoldeb gwaith, ac i atgyfnerthu'n gorfforol, yn feddyliol ac yn ysbrydol. Gweddïwn ar i'r cyfnod hwn fod yn fendithiol i bawb ohonom fel y cawn nerth i wynebu ein gwaith ym mis Medi gydag ymroddiad newydd, ac ysbryd parotach i'th wasanaethu yn enw Iesu Grist.

> 'Can's caru dynion a'u gwasnaethu,
> Dyma'r ffordd i garu'r Iesu.
> A chawn gyfran o'i lawenydd
> A'i ogoniant yn dragywydd.'

Er mwyn Iesu Grist. Amen.

John Lewis Jones

# Diolchgarwch

## Darlleniad    Salm 103

Diolchwn i ti, ein Tad, am awyrgylch fendithiol yr oedfa hon sy'n peri inni fwynhau cwmni'n gilydd yn dy dŷ, ac yn peri inni ymostwng gyda'n gilydd i'th gydnabod a'th addoli. Sylweddolwn na allwn dy addoli'n iawn ohonom ein hunain. Yn wir, ein Tad, oni chawn gyfarwyddyd dy Air sanctaidd a chymorth yr Ysbryd Glân, cyffeswn na wnawn ond addoli duwiau dieithr, cynnyrch ein dychymyg a'n hofnau ffôl, eithr trugarha wrthym ni trwy ein cynorthwyo i ymateb i gymhellion yr Ysbryd a chyfarwyddyd dy Air. Dywed dy Air wrthym mai 'Ysbryd yw Duw, a rhaid i'w addolwyr ei addoli mewn ysbryd a gwirionedd'.

Yn dy drugaredd, bendithia ni felly ag ysbryd cywir i'th addoli, ac i sylweddoli nad oes arall fel tydi, yr unig wir a'r bywiol Dduw. Yn wir, i ti, ein Tad, y perthyn pob mawl ac anrhydedd, pob doethineb a mawredd, a phob gallu a gogoniant, ac i ni y perthyn y fraint o ddyrchafu dy enw sanctaidd, a'th addoli. Am hynny:

'Deuwch ac addolwn ac ymgrymwn, plygwn ein
gliniau gerbron yr Arglwydd a'n gwnaeth, oherwydd
ef yw ein Duw, a ninnau'n bobl iddo a defaid ei borfa.'

Diolchwn am dystiolaeth dy Air i'th ofal mawr ohonom ac am rybudd y salmydd i beidio anghofio dy ddaioni tuag atom:

'Fy enaid, bendithia'r Arglwydd, a phaid ag anghofio'i
holl ddoniau.'

Cofiwn yn ddiolchgar, ein Tad, y modd y creaist ni ar dy lun a'th ddelw dy hun, ac anadlu ynom fywyd. Diolchwn am y rhodd werthfawr hon, ac am iti ein cynnal a'n cadw hyd y foment hon. Yn dy drugaredd, cadw ni rhag derbyn rhodd bywyd yn ddi-feddwl ac yn ddiddiolch. O! Dad, ti yw rhoddwr a chynhaliwr ein bywyd, a thrwy fendithion dy greadigaeth, darperaist fwyd a diod i'n cynnal, a gwres ac awyr iach i'n cadw'n fyw. Diolchwn i ti am fendithion eraill bywyd, megis cariad anwyliaid a charedigrwydd cyfeillion, iechyd i fwynhau bywyd a nerth i gyflawni ein gwaith, ac amser hamdden i ymlacio ac i atgyfnerthu. O! Arglwydd, boed inni sylweddoli mor dda yw hi arnom mewn gwirionedd ac mor llwyr ddibynnol ydym arnat ti.

Ond yn fwy na dim, dymunwn roi diolch i ti heddiw am dy gariad anfeidrol a ddatguddiaist i ni ym mherson dy Fab, Iesu Grist. Diolchwn i ti am iddo ddod i'n byd, ac i'n bywyd. Diolchwn fod Iesu Grist yn frawd i gydymdeimlo â'n gwendid, ac yn geidwad i'n hachub o'n cyflwr pechadurus.

Diolchwn am ei fywyd pur a dilychwin, ei neges yn llawn gwirionedd, ei dosturi tuag at y cleifion, ei allu rhyfeddol i iacháu ac i fwrw allan ysbrydion aflan, a'r modd yr aeth oddi amgylch gan wneuthur daioni. Ond uwchlaw pob peth, ein Tad, fe gofiwn yn ddiolchgar am aberth ei gariad ar y Groes, a buddugoliaeth ei gariad fel y'i datguddiwyd mor ogoneddus ar fore'r trydydd dydd.

O! Arglwydd Dduw, mor fawr yw dy gariad diymollwng tuag atom yn Iesu Grist, ac mor fawr yw ein dyled i ti. Derbyn, felly, ein diolch a'n clod. Gwna ni'n ymwybodol hefyd o'n dyled i'n gilydd, ac o'n braint a'n cyfrifoldeb i rannu bendithion dy gariad, ac i'w hestyn i bwy bynnag a'u myn.

Yn dy drugaredd, maddau i ni ein dyledion a phopeth ynom sy'n peri loes a thristwch i ti. Derbyn felly ein diolch a'n clod, ac arhosed dy fendith arnom ac ynom, er mwyn ein Gwaredwr, Iesu Grist. Amen.

John Lewis Jones

# Yr Hydref

## Darlleniad      Salm 65

Diolchwn i ti heddiw, ein Tad, am dymor yr hydref. Cydnabyddwn mai ti sy'n llunio pob tymor yn ei dro, ac yn sicrhau fod i'r tymhorau i gyd eu bendithion ar ein cyfer. Diolchwn am brydferthwch dy greadigaeth yr adeg hon o'r flwyddyn, pryd mae dail y coed yn gwywo mor hardd, a'r barrug yn cuddio'r ddaear â'i flanced wen.

'Diolchwn am erwinder hydref
A'i brydferthwch dros ein gwlad;
Ffrwyth y maes a gwynfyd cartref
Ddaeth o'th ddwylo di ein Tad.'

Cydnabyddwn nad ydym yn gweld ôl gwaith dy ddwylo bob amser, ac mai amharod ydym yn aml i roddi diolch i ti. O! Dad, agor ein llygaid i weld dy ddaioni ym mendithion dy greadigaeth, a chynhesa ein calonnau i werthfawrogi dy ofal cyson a gofalus amdanom.

'Yr wyt,' fel y dywed y Salmydd, 'yn cryfhau'r mynyddoedd o'th balas, digonir y ddaear trwy dy ddarpariaeth. Yr wyt yn gwneud i'r gwellt dyfu i'r gwartheg, a phlanhigion at wasnaeth dyn, i ddwyn allan fara o'r ddaear, a gwin i lonni calon dyn.'

O! Dad daionus, wedi tymor ffrwythlon yr haf, dyma yw byrdwn ein cân ninnau hefyd. Yr wyt wedi darparu mor helaeth ar ein cyfer, fel y gallwn o hyn ymlaen wynebu tymor oer yr hydref yn ddibryder, a chyda sicrwydd fod gennym fwyd a diod i'n cynnal, a thanwydd i gadw ein haelwydydd yn gynnes.

Wrth ddiolch i ti am fendithion tymhorol bywyd, fe gofiwn angen mawr ein cyd-ddynion sy'n dioddef newyn a thlodi tu hwnt i'n hamgyffred. Ond er na allwn amgyffred trueni ein brodyr a'n chwiorydd, gad inni i sylweddoli ein cyfrifoldeb i estyn iddynt fendithion dy greadigaeth a gofal dy gariad. O! Dad, planna ynom dy dosturi, a nertha ni i wneud ein rhan yn enw Iesu Grist, gan gofio ei eiriau:

'Yn wir, rwy'n dweud wrthych, yn gymaint ag i chwi ei wneud i un o'r lleiaf o'r rhain, fy mrodyr, i mi y'i gwnaethoch.'

Gweddïwn, ein Tad, dros ein cyfeillion sydd wedi cyrraedd hydref bywyd, ac sy'n teimlo fod mwy o flynyddoedd wedi mynd nac sydd eto i ddod. Yn dy drugredd, cynorthwya hwy i sylweddoli nad yn gymaint tymor y disgwyl anochel am y diwedd yw hydref bywyd, ond tymor yr ymddiriedaeth dawel y byddi gyda nhw bob cam o'r daith.

Bendigwn dy enw mai Duw wyt ti sydd gyda ni, a chyda'th bobl yng nghanol amserau amrywiol bywyd, 'amser iechyd digymalau a chysgodion diwedd oes.' O! Arglwydd, ein Craig a'n Prynwr, dyfnha ein ffydd yn nhrefn dy iachawdwriaeth, fel na fyddwn un amser yn colli golwg ar dy wyneb, na chwaith yn colli gafael yn dy law. Yn dy drugaredd, meinha hefyd ein clyw i glywed dy lais yn dweud wrthym:

'Pan fyddi'n mynd trwy'r dyfroedd, byddaf gyda thi; a thrwy'r afonydd, ni ruthrant drosot. Pan fyddi'n rhodio trwy'r tân, ni'th ddeifir, a thrwy'r fflamau, ni losgant di. Oherwydd myfi, yr Arglwydd, dy Dduw, Sanct Israel, yw dy waredwr.'

Diolchwn i ti am weinidogaeth dy Air arnom yn yr oedfa hon, ac am addewidion gwerthfawr dy Fab, Iesu Grist. Cadw ni yn niogelwch dy gariad, a dysg ni i gyfrif ein dyddiau, inni gael calon ddoeth, ac ysbryd credu 'na all nac angau nac einioes nac angylion na thywysogaethau, na'r dyfodol na dim arall a grewyd, ein gwahanu ni oddi wrth gariad Duw yng Nghrist Iesu ein Harglwydd'. Ac iddo ef y byddo'r clod a'r gogoniant yn awr ac yn oes oesoedd. Amen.

John Lewis Jones

# Y Gaeaf

Ein Tad, braint yw cael dy gyfarch yn awr mewn gweddi. Pobl fel ni, gyda'n beiau a'n pechodau, yn cael cyfarch Duw sy'n sanctaidd a pherffaith, gan wybod ein bod yn cael yr hawl i wneud hynny drwy dy Fab, Iesu Grist, a aeth i'r Groes dros ein pechodau ni. Diolch i ti am faddau inni ac am i ti ein derbyn yn blant i ti dy hun. Diolch am y cysur a'r tangnefedd sydd yn ein calonnau o wybod bod y Duw mawr a bendigedig yn Dad i ni ac yn ein caru. O! Dad, fe deimlwn yn saff ac yn glyd yn dy freichiau di, dan bob amgylchiad.

Mae'r tywydd yn oer a hithau'n drymder gaeaf arnom. Yn eu tro daw stormydd, glaw, rhew ac eira, ac er bod prydferthwch ym mhob tymor a phwpras i bob tymor yn ei dro, mae'n rhaid inni gyfaddef ein bod i gyd yn edrych ymlaen at y gwanwyn a'r haf. Bryd hynny fe fydd mwy o sioncrwydd yn ein cerddediad, a mwy o obaith a llawenydd yn ein calonnau. Pobl y gwres canolog ydym ni, O! Dad, pobl y modur cynnes, cyfforddus, pobl y moethau a'r cyfleusterau; ac mae'n anodd dygymod ag oerni a'i annifyrrwch a'i drafferthion. Maddau inni ein bod yn aml mor anniolchgar am fendithion y gaeaf, ac na allwn weld ei brydferthwch, na gweld ei bwrpas. Maddau inni hefyd na allwn weld ei gyfle. Mae prydferthwch mewn tirwedd o dan haen o eira neu farrug, ac mewn llyn neu fôr wedi ei gynddeiriogi gan y gwynt. Cynorthwya ni i weld bod rhaid i fyd natur orffwys dros y gaeaf i gael ei adnewyddu a'i atgyfodi yn y gwanwyn. Gwna'r gaeaf hefyd yn gyfle inni estyn dy gariad di i'r rhai sy'n hen a methedig yn ein plith. Gall y gaeaf fod yn dymor caled iawn i rai o'n cyd-wladwyr, yn arbennig lle mae tlodi, llesgedd ac anabledd. Gall fod yn dymor unig iawn i'r rhai a gollodd anwyliaid neu sy'n byw ar eu pennau eu hunain. Mae'r dyddiau byr yn gadael nosweithiau hir, a all fod yn oer ac anial mewn mwy nag un ystyr.

Yn un o'i ddamhegion mae Iesu yn ymateb i ŵr a ofynodd iddo pwy oedd ei gymydog. Ni roddodd Iesu ddiffiniad iddo, dim ond ei atgoffa mai cymydog yw pawb mewn angen, ac mai'r cwestiwn pwysig o hyd yw gofyn 'Pa fath o gymydog ydw i?' Gweddïwn yn awr, O! Dad, am y gras a'r nerth i fod y math o gymdogion y carai Iesu inni fod, pobl wedi profi ei gariad ef ac yn ei chyfrif yn fraint bod yn sianelau i'r cariad hwnnw gyrraedd eraill trwom. Yn nhymor y stormydd, yr oerni a'r tywyllwch, cynorthwya ni i ledaenu cariad, cynhesrwydd, tangnefedd a goleuni.

Ein Tad, y mae gaeaf arall yn ein poeni yn yr Eglwys, nid yr un y tu allan o'n cwmpas, ond yr un oddi mewn i ni. Gaeaf y galon, cyflwr ysbrydol sy'n llethu ein gwlad, ei phobl a ninnau yn yr Eglwys. Rydym wedi fferru mewn ansicrwydd, difaterwch a diffyg ffydd, yn byw yn hunanol am heddiw a'i bleserau, ymhell oddi wrthyt ti a'th gariad a'th gymundeb. Rhyw syrthni rhewllyd yn atal brwdfrydedd, ymroddiad a gweddi. Ac mae'r gaeaf hwn wedi bod yn un maith a garw, ein Tad, ac wedi gadael ei ôl yn drwm. Gwyddom fod pob gaeaf yn lladd, ond fe ddaw'r gwanwyn ag adnewyddiad a bywyd. Ein gweddi a'n dyhead dyfnaf, ein Tad, yw am wanwyn ysbrydol yn ein gwlad, yn ein calonnau ac yn yr Eglwys.

'Mae'r gaeaf ar fy ysbryd,
O! Dad o'r Nef,
Rwy'n erfyn am dy wanwyn,
Erglyw fy llef;
O! achub fi rhag oerfel
Fy mhechod cas,
A dwg fi i gynhesrwydd
Dy nefol ras.

Gymru!
fy ngwyliadwriaeth ysol,
erfyn o'th arctig annuwiol
am drigfan wrth dân Duw;
ac arwain yno dy werin
i'w dadleth i fyw -
a daw eto dro ar hanes
a sgiw'r hen aelwyd yn llawn
o dderi Dewi
a glo caled Crist.'

Gweddïwn am i ti gynnau fflam yr Ysbryd yn ein calonnau unwaith eto, fel y gallwn ymateb i'th ras a'th gariad yn Iesu Grist, i hebrwng gwanwyn adfywiad a bendith yn ôl i'n pobl a'n gwlad.

Erfynwn arnat i wrando ein gweddi a'n cri, yn enw ac yn haeddiant ein Harglwydd a'n Gwaredwr, Iesu Grist. Amen.

Dafydd Roberts

# Yr Adfent

Ein Tad, dyma ni unwaith eto ar drothwy'r Nadolig, ac yn edrych ymlaen yn eiddgar at holl lawenydd a dathlu'r Ŵyl. Fe fydd y rhan fwyaf ohonom yn hapusach ac yn anwylach oherwydd ei bod yn ŵyl o ewyllys da, a phawb yn gwneud rhywfaint o ymdrech i adlewyrchu hynny wrth gyfnewid cardiau ac anrhegion. Mae'r paratodau mewn llaw ers misoedd yn rhai o'r siopau, a phobl yn sôn eu bod wedi hen ddechrau siopa am yr anrhegion a'r holl bethau eraill sydd yn rhan bellach o Nadolig ein hoes ni. Dros yr wythnosau nesaf fe fydd y prysurdeb a'r paratoi'n cynyddu i ryw uchafbwynt o ruthro, ac yn gadael llawer ohonom yn rhy flinedig i feddwl am wir ystyr y Nadolig, ac i fwynhau'r fendith sydd gennyt ar ein cyfer yn natblygiad geni dy Fab. Pryderwn y gallwn anghofio Iesu yng nghanol y prysurdeb a'r paratoi o hyn i'r Ŵyl. Ni chafodd le yn y llety pan gafodd ei eni, ac y mae perygl y byddwn ninnau yn anghofio rhoi ei le iddo yn paratoi a'r dathlu unwaith eto eleni. Wrth inni ymbwyllo a myfyrio ger dy fron yn awr mewn gweddi, daw geiriau'r pennill i'n cof:

> 'Sut Nadolig fydd eleni yn dy gartre di?
> A fydd dathlu Gŵyl y Geni yn dy gartre di?
> Wrth y bwrdd ymysg y teulu a fydd stŵr y tŷ yn boddi
> Llais y baban yn y beudy, yn dy garte di?'

Gweddïwn am dy nerth a'th arweiniad, O! Dad, i allu gwneud ein paratodau a'n dathliadau'n ystyrlon eleni, a maddau i ni na chafodd Iesu fawr o groeso i ddathliadau ei ben blwydd ei hun sawl blwyddyn yn y gorffennol.

Gweddïwn y byddi, drwy dy Ysbryd, yn paratoi ein calonnau i glywed a gwrando fel y bugeiliaid gynt, y newyddion da o lawenydd mawr. Dyro i ni hefyd fel hwythau galonnau i gredu bod Iesu wedi dod i'n byd yn Waredwr. Un i wneud pobl a byd newydd a gwell.

> 'Y bobl oedd yn rhodio mewn tywyllwch a welodd
> oleuni mawr; y rhai a fu'n byw mewn gwlad o gaddug
> dudew a gafodd lewyrch golau.'

Fel y rhagwelodd y proffwyd Eseia y byddai'r Meseia'n dod â goleuni a gobaith i'r byd, cynorthwya ni i gyhoeddi bod hyn wedi ei wireddu yng ngenedigaeth, ym mywyd, gweinidogaeh, ac yn aberth ac atgyfodiad lesu. Boed i'n ffydd a'n tystiolaeth ni gyhoeddi, i fyd sy'n dal yn llawn tywyllwch, fod goleuni, gobaith, rhyddid, llawenydd a bywyd i bechaduriaid yn lesu. Gofynnwn am i ti baratoi ein byd a'n cymdeithas i dderbyn dy Fab, a ddaeth i fyw yn ein plith. Diolch ei fod wedi dod i rannu ein bywyd a'n halmgylchiadau. Daeth i wynebu'r un profiadau a gawn ni - rhai melys a chwerw, bendithion a threialon. Fel pawb ohonom ni, fe wynebodd demtasiynau ond heb ildio a phechu. Trwy'r cyfan bu'n berffaith a dibechod. A diolch i ti, O! Dad, ei fod wedi dod i roi ei fywyd yn aberth dros ein pechod ni. Daeth i'n byd er mwyn mynd i Galfaria i goncro a dileu ein pechod ac i'n cymodi â thi a'n gwneud yn blant i ti. Diolch am y tangnefedd a'r sicrwydd sydd yn ein calonnau'n awr o wybod hynny, ac am y fendith o fedru edrych ymlaen at ddathlu gwir ystyr y Nadolig.

Wrth i'r holl filiynau ddathlu'r Nadolig yn eu hanwybodaeth a'u diffyg adnabyddiaeth o lesu, ein gweddi, O! Dad, yw iddynt weld beth yw gwir ystyr a phwrpas y Nadolig ac iddynt baratoi i'w dathlu fel Gŵyl Gristnogol, nid fel gŵyl baganaidd a seciwlar. Pan anwyd lesu yr oedd disgwyl mawr amdano, er na fu i lawer o bobl ei adnabod am ei fod yn wahanol iawn i'w disgwyliadau. Disgwyliadau go wahanol i'r rhai Cristnogol sydd gan y rhan fwyaf o bobl ein gwlad y dyddiau yma ar drothwy'r Nadolig. Mae llawer eleni eto'n edrych ymlaen at y Nadolig, ond heb wybod dim am lesu na'r gwir reswm dros ei groesawu a dathlu ei ddyfodiad. Gweddïwn am nerth dy Ysbryd, O! Dad, i allu paratoi a chyhoeddi'r Nadolig hwn bod Gwaredwr wedi ei eni i'r byd - un sy'n ein caru; un fedr ein hachub; un sy'n gyfaill i'n cynorthwyo bob amser; un sy'n deilwng i ni ei groesawu y Nadolig hwn a phob Nadolig arall, gan blygu glin a chyffesu â'n tafodau 'bod lesu Grist yn Arglwydd er gogniant Duw Dad'. Amen.

Dafydd Roberts

# Y Nadolig

Ein Tad, plygwn yn wylaidd ac yn ddiolchgar ger dy fron yn awr i ddiolch am gael dathlu'r Nadolig. Diolch am y fath destun ar gyfer diolchgarwch a dathlu - bod dy Fab, Iesu Grist, wedi dod i'n plith. Ganwyd Imaniwel - Duw gyda ni. Y Mab, Ail Berson y Drindod, wedi dod i'n byd yn berson o gig a gwaed fel ninnau. Y mae pob geni'n wyrthiol mewn rhyw ystyr, ond dyma wyrth lawer mwy - geni Duw yn ddyn. A'i eni mewn preseb o bobman, yn dlawd a chyffredin iawn. Gallasai fod wedi ei eni mewn palas, fel y disgwyliai'r doethion, yn gyfoethog a chlyd. Ond ni ddewisiodd hynny. Yn hytrach, he'i huniaethodd ei hun â'r ddynoliaeth ar ei thlotaf. Daeth i ganol bywyd a'i hagrwch, ei dlodi a'i anghenion.

'Daeth Brenin yr hollfyd i oedfa ein hadfyd
Er symud ein penyd a'n pwn;
Heb le yn y llety, heb aelwyd, heb wely,
Nadolig fel hynny gadd hwn.'

Wrth inni ddathlu'r Nadolig eleni, gofynnwn am i ti gadw ein llygaid ar Iesu, a'n ffydd yn gadarn ynddo. Cawn ein hudo i golli golwg arno er ein gwaethaf rywsut yng nghanol yr holl seciwlareiddio a'r masnacheiddio sydd wedi dod i nodweddu dathliadau ein hoes ni. Er ein bod yn edrych ymlaen at gael rhoi a derbyn anrhegion eto eleni, helpa ni i beidio colli golwg ar dy rodd di i ni, sef dy Fab. Wrth inni werthfawrogi cariad a charedigrwydd pobl drwy gyfrwng eu hanrhegion a'u cyfarchion i ni, helpa ni i weld dy gariad di yn Iesu. Gwared ni rhag i duedd ein hoes ein gwneud ni yn ddall, yn ddi-hid, yn fud ac yn anniolchgar am dy rodd anhraethol i ni. Wrth wirioni ar roddion pobl mor hawdd yw colli golwg ar wyrth a gwerth dy rodd di i ni yn Iesu Grist.

Pan fyddwn ni'n rhoi anrhegion Nadolig fe fyddwn yn eu rhoi i bobl yr ydym yn eu caru; pobl annwyl a charedig sy'n ein caru ni, teulu a chyfeillion. Rhoi anrhegion i'r rhai sydd, yn ein tyb ni yn haeddu ein rhoddion. O! Dad, mor wahanol yr wyt ti'n rhoi - anfon dy Fab yn rhodd i bechaduriaid, i rai a gefnodd arnat ac a ddiystyrodd dy ewyllys, ac yn wir a fu mewn llawer o bethau yn elynion i ti. Ein

Tad, cyffeswn yn awr nad ydym yn haeddu dim o'th law ond dy gondemniad a'th farn. Eto, yn Iesu yr wyt yn dangos ac yn estyn dy gariad tuag atom. Daeth i'r byd yn ddyn - Duw gyda ni - ond eto'n wahanol gan ei fod yn ddibechod - 'ni wnaeth bechod, ac ni chafwyd twyll yn ei enau'. Ac ar y Groes bu Iesu farw dros ein pechod ni. Derbyniodd ef y gosb am ein pechod er mwyn i ni gael maddeuant a dod yn blant i ti, a chael etifeddu bywyd tragwyddol. Wrth inni ddathlu'r Nadolig, helpa ni nid yn unig i weld ac i ddiolch bod Iesu'n Dduw a ddaeth atom, ond ei fod hefyd yn Dduw trosom yn ei aberth. Gad inni weld a phrofi rhodd dy ras yn Iesu Grist.

'Oherwydd yr ydych yn gwybod am ras ein Harglwydd Iesu Grist, fel y bu iddo, ac yntau'n gyfoethog, ddod yn dlawd drosoch chwi, er mwyn i chwi ddod yn gyfoethog drwy ei dlodi ef.'

Diolch i ti am yr ŵyl hon sy'n ŵyl mor bwysig i'r teulu. Cofiwn am y baban, a'i deulu o gwmpas ei breseb. A diolchwn fod teulu dyn yn gallu dod yn deulu Duw drwyddo ef. Diolch am y modd y mae'r ŵyl yn dod a theuluoedd at ei gilydd. A diolch ei bod yn ŵyl a ddethlir gan deulu'r Eglwys ledled y ddaear. Gweddïwn dros deuluoedd ein heglwys a'n hardal; dros deulu dyn yn ei holl amgylchiadau; a thros deulu'r Eglwys Gristnogol ymhob man. Cofiwn bod yna bobl wahanol iawn eu hamgylchiadau i ni. Rhai y mae'n anodd iddynt ddathlu'r ŵyl oherwydd gwaeledd a phrofedigaeth, gwendid a henaint; neu oherwydd tlodi, newyn, rhyfel, gormes a thrais, diffyg cartrefi, unigrwydd a dadrithiad. Cofiwn am bawb na chlywodd y newyddion da am eni Iesu'n Waredwr a chyfaill iddynt, ac am y rhai a glywodd ond na chânt ryddid i'w addoli. Yng nghanol ein llawnder a'n digon, helpa ni, O! Dad, nid yn unig i weddïo dros yr anghenus ond i estyn llaw a chymorth ym mha fodd bynnag y gallwn.

Cyflwynwn yr ŵyl i'th ofal a'th fendith eleni, O! Dad, gan ddiolch am bob caredigrwydd ac ewyllys da a brofwn. Ond diolchwn yn arbennig am Iesu y baban, Iesu y dyn perffaith a groeshoeliwyd drosom ond a gyfodwyd y trydydd dydd, ac sy'n Grist byw gyda ni heddiw a phob amser. Clyw ein gweddi a gwrando ni, O! Dad, a ninnau yn ei hoffrymu yn enw ac yn haeddiant ein Harglwydd a'n Gwaredwr Iesu Grist. Amen.

Dafydd Roberts

# Diwedd Blwyddyn

Ein Tad sanctaidd, crëwr nefoedd a daear a chynhaliwr pob peth, diolch bod rhai bach ac anheilwng fel ni'n cael dy gyfarch di. Sylweddolwn mai annigonol yw iaith a geiriau i gyfleu ein mawl a'n haddoliad. Cawn ein hunain yn defnyddio cymariaethau dynol i'th ddisgrifio di, a'r rheiny'n rhai sy'n gwbl annigonol. Fel meidrolion, soniwn am dy anfeidroldeb di; fel rhai cyfyng ein gallu, soniwn am dy hollalluogrwydd di; ac fel rhai cyfyng ein gwybodaeth, soniwn hefyd am dy hollwybodaeth di. Mae'r fath syniadau mawreddog y tu hwnt i'n dirnadaeth, ond eto'n gydnabyddiaeth ar ein rhan dy fod di gymaint yn fwy na ni, ac yn absoliwt yn dy gymeriad a'th allu.

Yn ein haddoliad yn awr, O! Dad, cynorthwya ni i'th addoli'n deilwng, sef mewn ysbryd a gwirionedd. Ac er dy fod y tu hwnt i'n hamgyffred ni, goleua ein deall i ganfod yr hyn yr wyt ti'n ei ddweud wrthym amdanat dy hun, yn y cread, yn dy Air, ac yn arbennig yn dy Fab, Iesu Grist. Carem weddïo fel y gweddïodd yr Apostol Paul dros yr Eglwys yn Effesus, ar inni gael ein 'galluogi i amgyffred ynghyd â'r holl saint beth yw lled a hyd ac uchder a dyfnder cariad Crist, a gwybod am y cariad hwnnw, er ei fod uwchlaw gwybodaeth'. Er na allwn ddod o hyd i'r ddealltwriaeth iawn, nac esbonio a disgrifio'n llawn faint dy gariad tuag atom yn Iesu Grist, gallwn serch hynny dystio i'n profiad o'th gariad. Bu'r cariad yn ein hamgylchynu, ein cynnal a'n cadw ar hyd y flwyddyn sy'n awr yn dirwyn i'w therfyn.

Ar ddiwedd y flwyddyn, ein Tad, diolchwn i ti am bob bendith ac aberth a ddaeth i bawb ohonom mewn rhyw fodd neu'i gilydd. Bu'n flwyddyn amrywiol ei phrofiadau i nifer ohonom. Blwyddyn o lwyddiant, dathlu a llawenydd i rai; blwyddyn o fethiant, siom, galar a dagrau i eraill. I rai ohonom roedd y llwybr yn un hawdd a gwastad drwy gydol y flwyddyn; ond i eraill yn serth ag anodd iawn. Efallai bod rhai ohonom wedi ei chael yn haws sylweddoli dy bresenoldeb a'th gariad oherwydd amgylchiadau; efallai i lwyddiant a llawenydd beri inni gyfrif ein bendithion; neu efallai mai'r 'storm fawr' ddaeth â'r pethau gorau inni, gan ein gorfodi i bwyso mwy arnat ti. Wrth gwrs, ein Tad, y mae amser pan fyddwn yn dy amgyffred di, a hynny mewn hawddfyd ac adfyd. Yng nghanol ein llwyddiant a'n llawenydd bu inni dy anghofio di ambell dro; ac yng nghanol dagrau a siom nid oeddem bob amser yn ymwybodol o'th bresenoldeb a'th gariad. Ambell dro bu'r profiad yn brawf ar ein ffydd. Ac eto, Arglwydd, drwy'r cyfan yr oedd rhyw nerth, rhyw sicrwydd, rhyw dangnefedd, ystyfnig bron, yn ein cadw rhag anobeithio'n llwyr. Yr oeddet ti yno gyda ni, O! Dad, er bod y dagrau weithiau'n ein dallu i hynny.

'Pan fyddo beichiau bywyd yn trymhau,
A blinder byd yn peri im lesgáu;
Gwn am y llaw a all fy nghynnal i,
A'i gafael ynof er nas gwelais hi.'

Diolch i ti am dy gariad diball ac am dy ofal cyson trosom. Cydnabyddwn nad ydym yn haeddu dy fendithion, ond gorfoleddwn yn y gras a'r gynhaliaeth a gawsom yn dymhorol ac ysbrydol. Ac wrth inni yng nghanol ein digonedd ddiolch i ti am dy holl fendithion inni. Cofiwn nad yw'n agos cystal byd ar fwyafrif trigolion y ddaear. I filiynau o bobl mewn sawl rhan o'r byd bu'r flwyddyn hon drwyddi'n un frwydr fawr i gadw corff ac enaid ynghyd. Gwelsom y tlodi, y newyn a'r syched; gwelsom effeithiau rhyfel, trais a gormes. Ac er ein bod yn teimlo na allwn wneud fawr ddim, helpa ni i weddïo, i ddylanwadu ar y rhai sydd mewn grym, i rannu ac i estyn cymorth yn enw Iesu Grist. Stiwardiaid ydym ni, ein Tad, a'n cyfrifoldeb i ti ac i gyd-ddyn yn fawr oherwydd nifer y bendithion yr wyt ti'n eu ymddiried i'n gofal.

Gwelsom y tlodi a'r angen yn nes adref hefyd, O! Dad - ar ein strydoedd, yn y ciw dôl, ac yn yr ystadegau sy'n dangos argyfwng economaidd, personol, teuluol, moesol ac ysbrydol pobl ein gwlad. Fel y daw'r flwyddyn i'w diwedd, gweddïwn y bydd datrys ar y problemau sy'n gymaint o straen ar wlad sy'n honni bod yn wareiddiedig a Christnogol.

Derbyn ein diolch O! Dad, am dy holl fendithion yn ystod y flwyddyn, a boed i eraill gael y fendith hefyd o'u profi a'u mwynhau yn ystod y flwyddyn sydd ar y trothwy. Gofynnwn hyn yn enw ein Harglwydd a'n Gwaredwr bendigedig, Iesu Grist. Amen.

Dafydd Roberts

# Sul Addysg

Ein Tad, plygwn yn wylaidd ac edifeiriol ger dy fron yn awr, gan ddiolch fel pechaduriaid a meidrolion am y fraint o gael dod i bresenoldeb yr unig wir a bwyiol Dduw. Derbyn ni yn dy faddeuant yn enw Iesu Grist, ein Harglwydd a'n Gwaredwr.

Braint aruthrol i ni yw gwybod dy fod ti'n ein caru, a'th fod drwy aberth dy Fab ar y Groes, wedi ein cymodi â thi dy hun ac wedi ein mabwysiadu yn blant i ti dy hun.

'Ond cynifer ag a'i derbyniodd, rhoes iddynt hwy, y rhai sy'n credu yn ei enw, hawl i ddod yn blant Duw, plant wedi eu geni nid o waed nac o ewyllys cnawd nac o ewyllys gŵr, ond o Dduw.'

Diolch i ti am gael adnabod dy Fab, ac ynddo am gael profi dy gariad. Ti yn dy drugaredd O! Dad, a wnaeth hyn i gyd yn bosibl. Rhodd dy ras i ni yw'r cyfan.

Cofiwn i ti yn dy ras ein creu ar dy lun a'th ddelw dy hun; ac er llygru'r ddelw honno gan ein pechod a'n bai, diolchwn i ti am faddau i ni ac am i ti ein hadfer. Fe'n creaist gyda doniau a gallu naturiol amrywiol; rhoddaist synhwyrau a rheswm i bob un ohonom. Y mae'r ddawn i ddysgu ac i lunio yn rhan o'n gwneuthuriad cynhenid; ac er i bechod yn aml lygru a llurgunio cryn dipyn ar hynny, diolchwn am ddoniau a fedr, o'u sancteiddio, fod yn brydferth a gwerthfawr iawn ac yn ogoniant i ti. Arwain ni'n awr ar y Sul arbennig hwn i gysegru ein doniau a'n gallu er gogoniant i ti ac er lles a bendith ein cyd-ddyn.

Diolchwn i ti, O! Dad, am y meddwl dynol, ac am ei allu i ddirnad, i ystyried ac i ddysgu. Y mae'n rhyfeddol cymaint o wybodaeth y gall y meddwl dynol ei gwmpasu a'i gofio, a sut y gall addasu ac ychwanegu at yr wybodaeth honno. Ar hyd ein hoes fe fyddwn yn dysgu; dysgu drwy addysg a gwybodaeth; dysgu trwy brofiad hefyd. Gweddïwn yn awr am ostyngeiddrwydd i ddysgu a chael ehangu'n bryd ar hyd ein hoes. Gwared ni rhag cadw mewn unrhyw rigol o'n gwneuthuriad balch ein hunain a all ein dallu i wybodaeth a doethineb ehangach. Boed inni chwilio am y gwir bob amser, ac nid yn unig am y gwir ond am ddoethineb i wybod sut i'w ddefnyddio. Gwnaeth y ddynoliaeth lawer o ddarganfyddiadau pwysig dros y canrifoedd; rhai o'u hiawn ddefnyddio a fedrai fod yn fendith, ond o'u camddefnyddio yn felltith i gyd-ddyn ac yn sarhad arnat ti. Gweddïwn felly, nid yn unig am gael mwy o addysg a gwybodaeth, ond hefyd am ddoethineb i ddefnyddio gwybodaeth er bendith ein byd a'i bobl, ac er gogoniant i ti.

Cofiwn, ein Tad, am bawb sy'n gyfrifol am gyfrannu addysg a gwybodaaeth mewn ysgol, coleg ac unrhyw sefydliad arall. Sancteiddia eu dawn i ddarganfod ac i rannu gwybodaeth, fel y bydd yr hyn a dderbynnir gan y myfyrwyr, nid yn unig yn ehangu meddyliau, ond hefyd yn adeiladu cymeriadau. Cyflwynwn bob ysgol a choleg i'th sylw, O! Dad, yn ymwybodol iawn o'r holl newidiadau y maent yn eu hwynebu'n awr, a'r cyni ariannol sydd hefyd yn llyffethair arnynt. Gweddïwn am dy arweiniad i'r rhai sy'n cynllunio ar gyfer addysg yn ein gwlad, i'r rhai sy'n gorfod gweithredu cynlluniau, a'r rhai sy'n gorfod sefyll o flaen dosbarth. Gwyddom, O! Dad, fod addysg yn un o'r buddsoddiadau pwysicaf mewn plant, ieuenctid ac oedolion y gall unrhyw gymdeithas ei wneud ar gyfer y dyfodol. Gwyddom hefyd, yn wyneb yr holl broblemau economaidd, teuluol, a phersonol sydd mor gyffredin yn ein gwlad a'n cymdeithas, nad yw llawer o blant, ieuenctid avc oedolion yn cael y gorau o fyd addysg.

'O! tosturia wrth genhedlaeth
Gyndyn, wamal, falch ei bryd,
Sy'n drmygu'i hetifeddiaeth
A dibrisio'i breintiau drud.'

Gweddïwn nid yn unig dros allu academaidd plant a phobl o bob oed i elwa ar addysg, ond ar i ti, ein Tad, drwy rym dy Ysbryd a thystiolaeth Eglwys dy Fab, eu diwyllio. Nid paganiaid gwybodus ac addysgiedig yw'r nod, ond creaduriaid newydd yng Nghrist, wedi eu hyfforddi i sylweddoli eu llawn botensial fel plant i Dduw. Pobl a all ailsefydlu aelwydydd Crist-ganolog, cymdeithas wâr ac ystyriol, systemau gwleidyddol a masnachol cyfiawn a theg, a byd gwell i bawb fyw ynddo. 'Deled dy deyrnas; gwneler dy ewyllys, ar y ddaear fel yn y nef.' Gwrando'n gweddi er dy ogoniant, yn enw ac yn haeddiant ein Harglwydd Iesu Grist. Amen.

Dafydd Roberts

# Y Beibl

**Darlleniad**     **Luc 8, 9-15**
                   **2 Corinthiaid 4, 1-6**

Diolchwn i ti, ein Tad, am inni gael y fraint o feddiannu dy Air, am inni ei dderbyn fel rhodd dy ddeheulaw ac am inni fedru sancteiddio'n myfyrdodau yn dy wirioneddau drwy gyfrwng y Gair. Bendigwn di, ein Tad, am inni fedru agosáu atat drwy gyfrwng y Beibl yn ein hiaith. Diolchwn am ddisgyblion o allu arbennig a gysgegrodd eu doniau i sicrhau'r Gair yn ein heniaith. Diolchwn hefyd, ein Tad, am gymdeithasau a fu'n ymdrechu i gael 'Beibl i bawb o bobl y byd'.

Diolchwn am inni ddechrau dy adnabod wrth allorau Abraham a chyfreithiau Moses; diolchwn am i'r Salmydd dy foli am dy greadigaeth ac am iddo ddatgan mai ardderchog yw dy enw ar yr holl ddaear. Diolchwn am dy ofal am deulu dyn ac am i'r Salmydd sychedu amdanat ti, y Duw byw, fel y dyhea ewig am ddyfroedd rhedegog, ac am iti dosturio a dileu ei feiau gan ei olchi'n lân o'i euogrwydd. Clodforwn di am i'r proffwydi glodfori'r sancteiddrwydd, cyfiawnder a'r cariad sydd ynot ti.

Molwn di am iti ddatguddio dy hun yn y Gair a wnaethpwyd yn gnawd ac a drigodd yn ein plith ni, ac am i ni drwy'r Gair adnabod Iesu Grist fel dy Fab ac fel ein Gwaredwr. Molwn di am dy Air sydd wedi bod yn llusern i draed ac yn llewyrch gwiw i lwybrau'r rhai sydd wedi ymddiried ynot ti drwy'r oesau. Diolchwn i ti am y Gair sy'n oleuni.

> 'Mae yn y gair oleuni glân -
> O! f'enaid, cân amdano -
> I'r euog yn yr anial fyd,
> I weld lle clyd i 'mguddio.'

Clodforwn di nid yn unig am iti oleuno ein llwybr ond hefyd am iti oleuno ein 'deall gwan ym mob rhyw ran o'th waith'. Molwn di am i ti ddatguddio inni mai cariad wyt ti, a chyfaddefwn, ein Tad, na all ein deall meidrol ni fyth ddeall yn llawn led, uchder na dyfnder y cariad.

> 'Pell uwch geiriau, pell uwch deall,
> Pell uwch rheswm gorau'r byd,
> yw cyrhaeddiad perffaith gariad,
> Pan enynno yn fy mryd;
> Nid oes tebyg
> Gras o fewn y nef ei hun.'

Diolchwn i ti am y Gair sy'n datgan dy fawredd:

> 'Mwy wyt na holl ddychymyg dyn -
> Ŵyr neb dy faint ond ti dy hun.'

Clodforwn di am dy fod yn fwy na'th ryfeddol roddion, yn fwy na meithder dy ras, yn fwy na'th holl weithredoedd, yn fwy na ehangder y pechod sydd wedi ein gwahanu oddi wrthyt. Diolchwn am fawredd ymgnawdoliad Bethlem, mawredd aberth Calfaria a goruchafiaeth y bedd gwag. Gwyddom, ein Tad, y bydd dydd yn gwawrio pan ddatguddio yn  llawn inni faint y mawredd sydd ynot ti i bob un ohonom sy'n arddel dy enw. Cynnal ni  i ddatgan 'Mor fawr wyt ti!'

Diolchwn i ti am y Gair sy'n datgan mai ti yw'r ffordd, y gwirionedd a'r bywyd trwy dy Fab. Clodforwn di, O! Dad, bod y rhai sy'n dod wyneb yn wyneb â thi fel y doethion gynt gan newid cyfeiriad eu taith.  Moliannwn di am i bobl y ffordd newydd fabwysiadu egwyddorion dy deyrnas di.

Gwyddom mai'r gwirionedd yw bod dy gariad di yn para byth. Diolchwn am y tyner lais sy'n ein galw i  fywyd newydd:

> 'Yr Iesu sy'n fy ngwadd
> I dderbyn gyda'i saint
> Ffydd, gobaith, cariad pur, a hedd,
> A phob rhyw nefol fraint.'

Dyro'r gras inni dderbyn y gwahoddiad i'r bywyd sy'n cael ei gynnig inni yn dy Air.  Amen.

Gwyn Thomas

# Sul y Gwahanglwyf

**Darlleniad**     **2 Brenhinoedd 5, 1-14**
          **Mathew 8, 1-4**

Deuwn atat, ein Tad, yn wylaidd ac yn ostyngedig, gan gyflwyno i ti bawb sydd mewn gwaeledd a gwendid. Cyflwynwn yn arbennig i ti y dydd hwn y rhai sy'n dioddef o'r gwahanglwyf . Gwyddom fod llaweroedd wedi eu caethiwo yn gorfforol ac yn feddyliol gan yr afiechyd. Gwyddom am greulondeb yr afiechyd, ei niwed i gyrff a'i boen beunyddiol i'r dioddefwyr.

Diolch am dy Air sy'n datgan dy fod yn mynnu bod y rhai gwahanglwyfus yn cael eu glanhau. Clodforwn di am inni wybod nad oes 'na haint, na chlwy na chur na chilia dan dy ddwylo pur'. Clodforwn di am fod tosturi Iesu yng Ngalilea gynt i'w weld yng ngwasanaeth rhai o'th blant sy'n gweini'n dirion ar y claf. Gweddïwn, ein Tad, am i'th dosturi di gyffwrdd byd sydd mor amddifad ohono.

Diolchwn i ti am y rhai a gysegrodd eu doniau i gysuro'r trallodus, y rhai sydd wedi mentro eu bywydau i roi balm ar friwiau'r dolurus. Diolch i ti am y rhai sydd wedi dewis byw'n llwm ac yn dlawd er mwyn gweini ar y gwael a chysuro'r clwyfedig - y rhai sydd wedi gadael cartrefi moethus i fod yn gysur ac yn obaith i'r anghenus; y rhai sydd wedi defnyddio eu cyfoeth personol oherwydd bod anghenion dy blant yn fawr; y rhai sydd wedi clywed galwad dy efengyl di i wasanaeth eu hoes; y rhai sydd wedi ymroi i'r gwasanaeth hwnnw drwy fyw i'r gŵr fu ar y groes. Gweddïwn dros y rhai sy'n ddyfal yn eu gofalon:

> 'Rho dy nodded, rho dy gwmni,
> Nos a dydd
> I'r rhai sydd
> Ar y gwan yn gweini.'

Cynorthwya ni i sylweddoli bod i ninnau, ein Tad, ran yn y frwydr i ddileu yr afiechyd sy'n difa cymaint o'th blant. Gad inni fod yn ymwybodol o'n cyfrifoldebau i sicrhau bod y rhai sydd eisoes yn dioddef yn cael gofal mewn ysbytai sy'n gyfforddus, yn glyd ac yn lân a bod cyffuriau digonol ar eu cyfer. Gwyddom, ein Tad, bod cyfuniad o wybodaeth ac adnoddau gwyddonol technoleg fodern yn foddion i ddileu'r afiechyd sydd wedi blino dy bobl o ddyddiau Moses hyd ein dyddiau ni.

Maddau i ni ein bod yn byw mewn cymdeithas sy'n teimlo bod creu arfau ac offer dinistr yn rhagori ar feddyginiaeth a gwellhad i'r gwahanglwyfus. Cynorthwya ni i'th wasanaethu di drwy ofalu am ein gilydd mewn trugaredd a thosturi, fel y gall y clwyfus edrych ymlaen i'r dyfodol mewn gobaith a hyder. Arwain ni at gymdeithas sy'n amddifad o newyn a thlodi fel y dileir yr afiechyd hwn o'n byd.

'Rho inni'n fuan weled dydd
Na cheir, drugarog Dduw,
Na newyn blin na thlodi chwaith,
Na neb heb gyfle i fyw.'

Gwyddom, O! Dad, dy fod yn y canol yn cyd-ddioddef gyda'th blant sydd dan eu doluriau:

'Fe ddygodd ein doluriau
A'n clwyfau bob yr un,
Trwy rym tragwyddol gariad,
O fewn ei gorff ei hun.'

Bydded i'r mawredd sydd ynot ti gyffroi pobloedd i weithio dros dy deyrnas, fel bod gwên lle bu deigryn, rhyddid lle bu caethiwed, llawenydd lle bu tristwch.

Clyw ein gweddi, O! Dad pob trugaredd, am inni ofyn y cyfan yn enw' Iesu a fu farw ar Groes ac a atgyfododd er iachawdwriaeth pob un ohonom. Amen.

Gwyn Thomas

# Cymorth Cristnogol

**Darlleniad**   Amos 8, 1-11
             Colosiaid 4, 2-6

O! Dduw, Tad ein Harglwydd Iesu Grist a Thad holl drigolion y ddaear, creawdwr a chynhaliwr holl gyrrau'r cread, diolchwn i ti am ddod i'n byd yn dy Fab, i fod yn esiampl ac yn iachawdwr i bob un ohonom.

Mawrygwn a gogoneddwn dy enw am yr holl fendithion a dderbyniwn o'th law. Diolch i ti am yr holl gysuron yr ydym yn eu mwynhau ac am y gynhaliaeth feunyddiol a dderbyniwn o'th law.

Gofynnwn i ti fadddau inni ein pechodau i'th erbyn. Credwn, O! Dad, nad am i ni dorri rhyw fân reolau a mân gyfreithiau y gwnaethom bechu, ond yn hytrach am bod cymaint o drigolion y blaned fach hon yr ydym yn cael y fraint o fyw arni heb yr anghenion sylfaenol i gadw corff ac enaid ynghyd.

Maddau i ni, ein Tad, bod cymaint o famau a'u plant yn awchu am ddiferyn o ddŵr glân i'w yfed ac am grystyn sych i'w fwyta, a ninnau'n mwynhau mwy na digon o gynnyrch dy gread. Gwared ni rhag llygaid sy'n amharod i weld angen dy blant. Gwared ni rhag dwylo sy'n gwrthod ymestyn. Maddau inni'r galon galed.

> 'O! gwared ni rhag i'n osgoi
> Y sawl ni ŵyr at bwy i droi;
> Gwna ni'n Samariaid o un fryd,
> I helpu'r gwael yn hael o hyd.'

Gweddïwn am iti 'anadlu arnom ni o'r nef, falm dy drugaredd dawel gref' fel y gallwn ymddatod o'n diogi ysbrydol i fod yn ymwybodol o'n cyrifoldeb fel rhai sy'n arddel dy enw di.

Gad inni sylwi bod gwir lawenydd i'w ganfod wrth inni gynnal ein gilydd yn dy gariad di, oherwydd mai gwasanaethu ein gilydd sy'n ein galluogi i'th wasanaethu di, 'Gad inni weld dy wyneb di ymhob cardotyn gwael.'

Diolchwn i ti am uniglion a chymdeithasau sydd mor ymroddgar yn gweini er lleddfu angen y newynog a'r tlawd. Nertha ni hefyd, O! Dad, i sylweddoli bod angen y newynog yn fwy na'n cardod. Rho inni'r weledigaeth i sylweddoli bod anfen adnoddau digonol i ddiwallu anghenion y tlawd a'r newynog, fel y gallont hwy edrych ymlaen at yfory mewn gobaith.

Gweddïwn am i'r cariad sy'n ein clymu fel teuluoedd ymestyn i gofleidio holl blant dynion. Diolchwn i ti bod dy dadolaeth di'n golygu ein bod yn frodyr ac yn chwiorydd i'n gilydd beth bynnag fyddo'n hamgylchiadau, beth bynnag fyddo lliw ein croen. Rho inni'r gras i weld pob mab i ti yn frawd i ni, O! Dduw.

Cynorthwya ni i anadlu'n ddwfn o'th Ysbryd, er mwyn inni brofi'r cariad sydd uwchlaw gwybodaeth ac fel y cynysgaeddir o'n mewn ysbryd ufudd-dod i'th ewyllys di.

'Llifed cariad Pen Calfaria
Drwy dy Eglwys ato ef:
A'th diriondeb di dy hunan
Glywo'r truan yn ei llef:
Dysg hi i ofni byw yn esmwyth,
Gan anghofio'r byd a'i loes;
Nertha hi i dosturio wrtho,
A rhoi'i hysgwydd dan ei Groes.'

Gweddïwn am weledigaeth o fewn yr Eglwys iddi gyfrannu'n helaethach yn dy genhadaeth sy'n gwaredu'r tlodion o'u poen, a'r cyfoethog o'u pechod. Yn enw Iesu Grist. Amen.

Gwyn Thomas

# Sul yr Urdd

Hollalluog Dduw, creawdwr a chynhaliwr popeth byw, 'yr hwn a wnaeth o un natur bob cenedl o ddynion i breswylio ar y ddaear', deuwn atat fel mudiad pobl ifainc i ddiolch i ti fod ein cenedl fach ni yn rhan o'th greadigaeth. Deuwn gan ddiolch i ti am ogoniant y pethau bach.

Diolchwn am weledigaeth fawr sylfaenydd y mudiad a gweddïwn am y gras i fod yn ffyddlon i'n gwlad, i'n cyd-ddyn ac i ti trwy dy Fab Iesu Grist.

Diolchwn i ti am ein traddodiadau ers dyfod dy Air di i'n plith. Molwn di am y rhai a lafuriodd heb gyfrif y gost i'n cyfoethogi yng ngwerthoedd dy deyrnas. Molwn di am ddysg a moes a ffyrdd y gorffennol; am wŷr a gwragedd a etifeddodd ddoniau cyfoethog ac a gysegrodd y doniau hynny mewn awen a rhyddiaeth, mewn cân ac mewn emyn i glodfori dy enw di. Diolch i ti mai gwerthoedd dy deyrnas a gyfoethogodd ein diwylliant fel pobl.

> 'Clywai beirdd mewn gwynt ac awel
> Gri ei aberth, llef ei loes,
> Ac yng nghanol dy fforestydd
> Gwelent Bren y Groes.'

Moliannwn di, O! Dad, dy fod nid yn unig yn Dduw ein gorffennol ond yn Dduw ein presennol hefyd. Mawrygwn di am dy fod yn parhau i alw pobl i'th ddilyn di, a bod pobloedd o ddoniau ac o alluoedd arbennig yn parhau i gysegru eu doniau er gogoniant i'th deyrnas. Cadw ni eto i fod yn driw i'r hyn sy'n wir a glân. Dyro inni'r dewrder i sicrhau glendid ei hiaith i'r dyfodol. Gad inni weld y 'Seren Ddisglair' trwy bob awel groes. Agor ein llygaid i sylweddoli mai ynot ti y mae gobaith ein cenedl.

'Er mwyn y lleng o ddewrion gynt a roes
Eu gwaed i'w chadw'n bur rhag briw a brad,
A'r saint a'i dysgodd yn erthyglau'r Groes,
Tosturia wrthi, dragurocaf Dad;
Rho nerth i'w chodi, yna gwisgwn ni
Ei chorff â gwisg ei holl ogoniant hi.'

Gweddïwn dros bawb sy'n ymdrechu er hyrwyddo iaith a diwylliant ein cenedl. Nertha ni oll i ymdrechu yn ôl ein gallu dros Gymru'n gwlad oherwydd mai hi yw'r winllan werdd a roed i'n gofal ni. Deisyfwn am y doethineb sy'n weddus i'r rhai sy'n arddel dy enw di rhag inni gael eu llyffetheirio gan hen ragfarnau. Gwna ni'n ostynedig fel pobl i ti.

'O! Dywysog ein tangnefedd,
Maddau falchder ym mhob gwlad,
Gwna ni oll yn ostyngedig
I feddiannu gras y Tad.'

Diolchwn i ti am yr alwad i fod yn ffyddlon i'n cyd-ddyn. Cyflwynwn iti blant a phobl sydd mewn angen yn ein byd y dydd hwn. Cofiwn am y rhai sy'n brin o fwyd ac o gysuron beunyddiol. Cynorthwya ni trwy dy ras i argyhoeddi ein harweinwyr ein bod yn hawlio cyfiawnder cymdeithasol wedi ei seilio ar dy gariad di yn ein byd. Clodforwn di am dy Air sy'n datgan ein bod yn frodyr ac yn chwiorydd i'n gilydd.

Yn olaf, O! Dad, gweddïwn am y gras i fod yn ffyddlon i ti oherwydd mai tydi yw'r ffordd a'r grym i ni. Ni allwn ymdrechu hebot ti. Felly, gweddïwn am y nerth i'n cadw rhag llesgáu.

Llanwer calonnau dy bobl a gwerthoedd dy efengyl fel y byddo i bawb fwynhau rhyddid, cyfiawnder a thangnefedd dy deyrnas. Trwy y dydd dy foli a wnawn, Iesu bendigedig. Amen.

Gwyn Thomas

# Sul un Byd

## Darlleniad:  Hosea 14

'Duw a Thad yr holl genhedloedd, ti a folwn a thi a gydnabyddwn yn Arglwydd. Yr holl ddaear a'th fawl di, y Tad tragwyddol. Nefoedd a daear sydd yn llawn o'th ogoniant.'

Gofynnwn iti faddau pob dim sy'n gyfrwng i achosi rhaniadau yn y gymdeithas, yn yr Eglwys ac yn y byd. Maddau yr hyn sy'n creu ofn ac amheuaeth rhwng pobl a'i gilydd. Maddau'r trachwant sy'n rhoi bod i'r Trydydd Byd. Maddau'r hunanoldeb sy'n arwain at ddioddefaint a rhyfela yn ein byd. Maddau i'r lleiafrif barus sy'n ysbeilio dy greadigaeth di ar draul y gweddill gwan. Maddau i ni am gyfeirio ein hadnoddau at ein lles ein hunain yn hytrach nag at yr anghenus. Maddau i'r cyfoethog sy'n esgyn ar draul y tlawd sy'n newynu. Maddau i'r cefnog cysurus sy'n sathru'r gwan a'r trallodus. Maddau i'r rhai uchel eu gallu sy'n manteisio ar y sawl sy'n brin o allu. Maddau i ni, ein Tad, ein bod yn llwyddo i gysgu'r nos yn berffaith esmwyth a'n cydwybod yn berffaith dawel er gwaetha'r rhaniadau sydd yn ein byd. Maddau i ni, O! Dad, ein bod wrth bellhau oddi wrthyt ti wedi pellhau oddi wrth ein gilydd, ac mai grym pechod sy'n ein gwahanu oddi wrth ein gilydd.

Diolch i ti am ein dysgu drwy dy broffwydi dy fod fel Duw cyfiawn yn hawlio cyfiawnder fel egwyddor sylfaenol i'r rhai sy'n arddel dy enw. Gweddïwn am i dlodion ein adaear ac i holl deulu dyn sylweddoli dy fod yn chwilio amdanom oll yn ein tlodi ysbrydol gan ewyllysio inni droi atat ti.

Wrth inni droi atat ti, caiff y difrawder sy'n suro ein byd ei ddifa, a chaiff y trachwantus sy'n sugno'r byd o'i gyfoeth weld mai trwy estyn llaw at gyd-ddyn mae darganfod gwir fwynhad a phwrpas mewn bywyd.

Diolchwn i ti am y doniau a'r gallu a roddaist i ni fel pobl. Maddau i ni, ein Tad, ein bod wedi camddefnyddio dy roddion i greu offer dinistr yn hytrach na manteisio ar ein doniau i leddfu angen y gwan a'r gwael.

Nertha ni i sylweddoli bod dy dadolaeth di'n ein gwneud yn un teulu. Dyro inni, drwy dy ras, weld bod gennym gyfrifoldeb fel teulu i ofalu am ein gilydd yn un teulu dedwydd ynot ti.

'Pob lliw, pob llun, O! down ynghyd,
Un teulu ydym ni;
A wasanaetho Dduw ein Tad,
Mae'n frawd neu chwaer i mi.'

Cofiwn am y rhai sy'n llafurio dan amodau anffafriol ac ar gyflogau prin i gynhyrchu nwyddau yn rhad i'r gweddill ohonom. Rho inni'r dewrder i ofalu nad oes neb yn dioddef er mwyn inni dderbyn ein danteithion yn rhatach.

Gweddïwn ar i'th ewyllys gael ei chyflawni hyd eithafoedd y ddaear fel bod trais a loes, tristwch a thrachwant yn cael eu diorseddu gan hedd a llawenydd, gan gyfiawnder a chariad.

'Hyn fo'n gweddi wrth ymestyn
At bob llwyth a gwlad sy'n bod.'

Gofynnwn hyn yn enw Iesu Grist. Amen.

Gwyn Thomas

# Sul y Genhadaeth

## Darlleniad      Rhufeiniaid 10, 1-17

O! Dduw, Ein Tad, wrth i ni agosáu atat mewn gweddi, pâr inni gofio am y rhai a'th wasanaethodd di ym mhob oes a chyfnod ac a dystiolaethodd i'w ffydd, mewn bywyd ac mewn marwolaeth.

Diolchwn i ti, O! Arglwydd, am yr esiampl a roddwyd i ni ym mywyd y disgyblion gynt wrth adael pob peth er mwyn dy wasnaethu di. Diolchwn am gadernid eu tystiolaeth wrth gychwyn ar y gwaith o gario'r efengyl i bedwar ban y byd. Cyfrennaist oleuni iddynt mewn tywyllwch, nerth mewn anhawster, ffydd mewn erledigaeth, a llawenydd mewn dioddefaint.

Diolchwn i ti am ymroddiad y cenhadon ddoe - am eu hymdrechion dros y ffydd wrth lewyrchu goleuni a gwirionedd yr efengyl i fywyd dy blant yn y meysydd hynny lle buont yn dy wasanaethu; am ddylanwad eu tystiolaeth ar fywyd dynion, dylanwad sy'n aros hyd heddiw.

Diolchwn i ti am waith diflino'r rheiny a ddaeth a neges yr efengyl i'n gwlad, ac a gynorthwyodd i sefydlu eglwysi i Grist a chadarnhau grym yr efengyl ar fywyd ein cenedl.

Cofiwn a diolchwn am y rhai a rannodd yr efengyl gyda llawenydd a brwdfrydedd ymhob oes a chyfnod, y rhai a safodd yn dy enw di ac a dystiolaethodd i'r gwirionedd ar hyd y canrifoedd. Erfyniwn arnat ti i fendithio y rhai sy'n parhau â'r gwaith heddiw er sicrhau lledaeniad dy Air yn ein gwlad ac yn dy fyd.

Gweddïwn am fendith a'th gymorth heddiw eto i'r rhai hynny sy'n ymdrechu i arwain dy blant o'r newydd at y newydd da sy'n Iesu Grist ac yn arbennig y rheiny, sy'n llafurio er mwyn mynegi dy gariad mewn lleoedd anodd. Na ad iddynt ddigalonni oherwydd dieithrwch a chaledi'r gwaith, ond yn hytrach nertha hwy i ddal ati yn y gras sydd ynot ti.

Cynorthwya ni, o gofio'u haberth, i ddyblu ein sêl, ac i'n hymgysegru ein hunain i fod yn ffyddlon i ti. Boed inni gofio mai ein braint ni yw i ledaenu'r efengyl yn ein bro ac yn dy fyd. Tydi, O! Dduw, sydd wedi galw dynion i gyhoeddi'r efengyl ym mhob oes; ti a'u paratôdd mewn cariad ar gyfer y gwaith. Meithrin ni heddiw i fod yn dystion ffyddlon i ti. Agor ein clustiau i glywed dy alwad y dydd hwn, a rho inni'r ewyllys i ymateb heb aros i gyfri'r gost. Agor ein llygaid o'r newydd i'r cyfle i wasanaethu dy deyrnas di yn ein dydd a'n cenhedlaeth. Dangos inni'r hyn y mynni di i ni ei wneuthur. Gwna ni'n barod i ddysgu fel y medrwn ddysgu eraill am Iesu Grist drwy ein geiriau a'n hesiampl.

Rho yn ein calon yr awydd i'th wasanaethu di a rheiny sydd o'n hamgylch. Cynorthwya ni i fanteisio ar bob cyfle i siarad, i weithredu a bod yn ffyddlon i'n ffydd a'n cred yn yr Arglwydd Iesu Grist. Gwasgara ein hamheuon, cadarnha ein ffydd ac ysbrydola ni i gyflawni gweithredoedd mawr yn dy enw di, drwy gyfrwng yr efengyl.

Boed i'th enw di fod yn fyw ar wefusdau dy blant ym mhob man, yn Iesu Grist, ein Harglwydd. Amen.

Graham Floyd

# Sul y Cofio

## Darlleniad     1 Ioan 4, 7-21

O! Dduw, ein Tad, yr hwn a ddysgaist ni drwy dy Fab dy hun beth sy'n dda, yn iawn ac yn deg, a sut i fyw mewn heddwch gyda'n cymdogion, llanw ein calonnau a chalonnau dy bobl ym mhob man gydag ysbryd cymodlon, fel y medrwn fyw gyda'n gilydd mewn heddwch.

Cymer oddi wrthym ysbryd casineb, chwerwder, cenfigen a dialedd, a phlanna yn ein calonnau ysbryd cariad. Rho awydd ynom i fyw gyda'n gilydd mewn heddwch gan gofio a gweddio:

- am y rheiny a gollodd eu bywydau mewn dau ryfel byd;
*(Tawelwch)*

- am y teuluoedd hynny sy'n dal i hiraethu;
*(Tawelwch)*

- am y rheiny a anafwyd yn ddifrifol, ac a greithiwyd yn gorfforol ac yn feddyliol;
*(Tawelwch)*

- am y rheiny sydd ag atgofion chwerw ac a gamdriniwyd, a ddifriwyd ac a ddifenwyd ac anrheithiwyd ac a ddioddefodd dan law y gelyn;
*(Tawelwch)*

- am y rheiny sy'n dal i ddioddef o ganlyniad i ryfel.
*(Tawelwch)*

Maddau inni eto fod yna fwy o gasineb nac o gariad rhyngom, fod mwy o gweryla nac o gymod. Edrych mewn trugaredd ar genhedloedd daear. Gwêl gyflwr ein byd heddiw. Symud o fywyd ein byd bob dim sy'n rhwygo yn hytrach na chyfannu, yn creu gelyniaeth yn hytrach na chyfeillgarwch. Symud ymaith ddiffyg goddefgarwch, pob tuedd i ddial, a phob amharodrwydd i drafod a chytuno a siarad heddwch.

Gweddïwn am i ni gael gweld y dydd pan fydd dynion yn dysgu byw gyda'i gilydd mewn heddwch, ac yn barod i rannu yr hyn sydd ganddynt; fel y bydd y byd yn well ac yn hapusach lle nag ydyw ar hyn o bryd. Gweddïwn am y dydd pan una'r holl wledydd i frwydro yn erbyn tlodi ac angen, afiechyd a phoen a rhyfel.

Dysg ni i sylweddoli o'r newydd dy fod yn gosod cyfrifoldeb ar bob un ohonom i fyw a gweithio bob dydd dros ryddid, heddwch a chyfiawnder. Cynnal freichiau y rhai sydd yn wyneb pob gelyniaeth ac erledigaeth yn gwneuthur heddwch yn enw Tywysog Tangnefedd. Amen.

Graham Floyd

# Sul y Mamau/Tadau

**Darlleniad**

Exodus 2, 1-10
1 Brenhinoedd 17, 8-24
Luc 15, 8-32
Actau 16, 1-5
2 Timotheus 1, 1-9

Ein Tad sanctaidd, diolchwn i ti am ein cartrefi ac am ein teuluoedd, ac am gael tad a mam i'n caru, i dylanwadu arnom, i'n hamddiffyn, i'n dysgu ac i'n harwain.

Bendigwn dy enw am ein hanwyliaid a ofalodd amdanom pan oeddym yn wan ac yn ddiymadferth ac a roddodd i ni o'u gorau gan ofalu am ymborth a dillad, cyfle a chefnogaeth. Mae arnom ddyled iddynt am eu cariad a'u haberth.

Pâr i ni ddiolch a gwerthfawrogi y gofal a'r cariad a amlygwyd tuag atom ym more oes. Diolchwn i ti am y berthynas arbennig sydd rhyngom, lle mae cariad yn rheoli, lle y ceir amynedd, tiriondeb a thrugaredd, lle y mae cyd-lawenhau, cyd-ddeallltwriaeth a chydgario baich mor naturiol ac mor barod.

Mawrygwn y fraint inni gael ein magu ar aelwydydd dan dy arglwyddiaeth di. Diolchwn i ti am rieni ac eraill a fu'n ein meithrin mewn ffydd ac a ddysgodd inni beth sy'n bwysig, ac a fu yn ein harwain i'th addoli a'th adnabod. Diolchwn am y modd yr wyt ti'n ein caru, yn ein cynnal a'n cyrraedd trwy ein teuluoedd.

Diolchwn am yr aelwyd a gawsom, ac am y gofal, y consŷrn, a'r gynhaliaeth a fu trosom. Diolchwn am bob ffyddlondeb a chariad a fendithiodd ein llwybrau. Diolchwn am y bendithion a gawsom yn ein cartrefi; am brofi cariad tad a mam a chyfeillgarwch brawd a chwaer; am y berthynas glòs rhwng aelodau o'r teulu.

53

Diolchwn am bob dylanwad, hyfforddiant a chefnogaeth a'n paratôdd ar gyfer bywyd. Diolchwn am wersi'r aelwyd lle y magwyd ni, am y disgyblu a fu arnom trwy fyw gydag eraill yn yr un cwmni. Diolch am yr hyn a gyfrannwyd i'n bywyd ni drwy fywyd y rhai a'n carodd, ac am y feithrinfa naturiol a'n gosododd ar ffordd bywyd. Cofiwn am y gofal a fu trosom yn ystod cystudd ac afiechyd.

Wrth inni ddiolch am yr hyn a brofasom mewn bywyd, cyflwynwn i ti deuluoedd ein dydd, yn arbennig y rhai sydd mewn dryswch a digalondid, mewn hiraeth a helbul. Gwared ni rhag y dylanwadau cyfrwys, grymus sydd heddiw'n tanseilio yr uned deuluol.

Erfyniwn arnat i gofio am holl blant y llawr, na wyddant beth yw gofal a chariad rhiaint. Bydd drugarog wrth dy blant, lle bynnag y bônt ac yn arbennig y rhai sy'n dioddef oherwydd rhyfeloedd, afiechyd, newyn, dinistr ac eisiau.

Cofiwn, O! Dad nefol, am y rheiny sy'n profi casineb a chreulondeb ac sy'n cael eu cam-drin.

Wrth i ni gyflwyno pob cartref i'th sylw, erfyniwn arnat i'w bendithio a'u cynnal yn nerth dy gariad. Er mwyn Iesu Grist. Amen.

Graham Floyd

# Sul Heddwch

**Darlleniad**　　　**Eseia 2, 4**
　　　　　　　　　**Eseia 11, 6-9**

Ein Tad, yr hwn wyt yn y nefoedd ac 'a wnaethost o un gwaed bob cenedl o ddynion i breswylio ar holl wyneb y ddaear', dyro ysbryd heddychol yn ein calonnau. Gwared ni rhag pob rhagrith wrth inni dy alw'n Dad, a'r un pryd anghofio ein bod yn frodyr a chwiorydd i'n gilydd. Maddau inni ein hunanoldeb fel cenhedloedd, a'r tueddiad sydd ynom i gael ein tynnu oddi wrth y datguddiad ohonot fel Tad pan fo gwleidyddion yn anghytuno â'i gilydd.

Ynghanol anawsterau ein dyddiau, cadw ein serch atat ti dy hunan. Dysg ni drwy ffolineb a thrasiedi y gorffennol na all casineb a lladd fedi heddwch, ac na all arfau dinistriol gynaeafu tangnefedd. Planna yn ein calonnau fel pobloedd y byd yr egwyddorion hynny sydd yn dy natur di i'n gwneud yn gariadlawn, yn faddeugar ac yn frawdol.

Dysg ni i barchu ein cyfrifoldeb i baratoi byd dedwyddach ar gyfer cenedlaethau'r dyfodol, fel na bo anwireddau'r tadau yn disgyn ar dy blant. Dysg ni i sylweddoli mai gwell yw inni garu ein gilydd na chasáu ein gilydd.

Maddau inni, O! Dduw, fod ein byd yn dal i gredu mewn grym dinistr, ac mewn chwalu ac achub y blaen. Rho ras inni bob un i blygu mewn maddeuant a chymod o flaen ein gilydd, ac o'th flaen di, o gofio:

- am y cynnwrf a'r terfysg mewn trefi a gwledydd a fu yn y newyddion yn ddiweddar;

- y brwydrau cymdeithasol a chyhoeddus, cenedlaethol a lleol sy'n gonsýrn inni;

- am y cartrefi sy'n adfeilion, a'r plant a'u hanwyliaid wedi eu lladd;

- am y plant sy'n byw mewn ofn, chwerwder a drwgdybiaeth, ac sy'n cael eu dysgu yn gynnar i ddal dryll yn eu llaw.

Pâr inni sylweddoli fod pob cenedl yn gyfwerth yn dy olwg di er gwaethaf lliw a llun, sect a safle, economeg a datblygiad, a bod gan bob cenedl, pob unigolyn, hawl foesol i ryddid, cyfiawnder a heddwch.

Rho gymod a thangnefedd, gwasgara'r rhai mae'n dda ganddynt ryfel, ac arwain ni i wisgo dy arfogaeth di yn erbyn y drwg - 'gwirionedd yn wregys am ein canol, a chyfiawnder yn arfwisg ar ein dwyfron, a pharodrwydd i gyhoeddi efengyl tangnefedd yn esgidiau am ein traed, tarian ein ffydd, iachawdwriaeth yn helm, a'r Ysbryd, sef Gair Duw, yn gleddyf'. Cynorthwya ni, yn dy gariad, i sicrhau cyfiawnder, maddeuant a chymod, fel y daw'r byd i wirionedd, bywyd a heddwch.

Llanw ni ag ysbryd y Crist, fel y byddwn o wirfodd calon yn rhannu bendithion dy gariad â holl drigolion y ddaear. Una dy blant mewn heddwch trwy Iesu Grist, ein tangnefedd ni, yr hwn a wnaeth y ddau yn un, gan gymodi'r ddau â Duw yn un corff trwy'r Groes. Amen.

Graham Floyd

# Cynhaliaeth

## Darlleniad      Ioan 6, 46-51

Ein Tad, yr hwn wyt yn y nefoedd, diolchwn i ti am amrywiaeth diderfyn dy gread, am dy haelioni rhyfeddol tuag atom, ac am y modd yr wyt wedi cynnal a darparu ar gyfer dyn ac anifail.

Buost yn Dad haelionus i ni holl ddyddiau ein bywyd. Rwyt wedi rhoi, pan na fyddwn yn gofyn, ac yn parhau i roi, pan na fyddwn yn diolch. Ond diolch a wnawn yr awr hon am allu gweld ôl dy law yn amlwg ar bob peth a greaist ac sy'n ein cynnal o ddydd i ddydd.

Ti yw ein creawdwr a'n cynhaliwr, a gwelwn dy ogoniant yn y byd o'n hamgylch ac yn nhrefn dy greadigaeth; mor gyfoethog yw'n byd o'r herwydd. Derbyn ein diolch am bob dim sy'n ein cynnal, am bryd hau a medi, am ein bara beunyddiol, am dy ddaioni a'th drugaredd holl ddyddiau ein hoes.

Wrth inni ddiolch am dy gynhaliaeth, dysg ni, O! Dduw, wedi derbyn yn helaeth, i beidio ag afradloni'r da a roddaist inni. Helpa ni i oresgyn ein hunanoldeb, ein cybydd-dod, a'r trachwant sy'n ein hatal rhag helpu pobl eraill. Helpa ni i ddefnyddio ein holl adnoddau er lles ein gilydd. Gwna inni sylweddoli dy fod ti wedi darparu digon ar gyfer yr holl ddynoliaeth. Na âd inni flino dy bwrpas drwy ddal yn ôl ac ymatal rhag rhannu'n deg ag eraill. Rho inni weledigaeth o'r byd fel y dymunaist iddo fod:

- byd lle yr amddiffynnir y gwan

- byd heb na newyn na thlodi

- byd lle y rhennir holl fendithion bywyd

- byd lle y bydd pob enaid byw yn cyfranogi o'th gynhaliaeth

- byd lle y gall pob iaith, llwyth, cenedl a diwylliant fyw mewn goddefgarwch a pharch tuag at ei gilydd

- byd lle yr adeiledir heddwch ar gyfiawnder, ar gariad a rhyddid.

Cydnabyddwn ein bod yn hunanol wrth fwynhau cyfoeth a phrydferthwch dy fyd. Maddau i ni ein hanniolchgarwch, yn enw dy Fab, Iesu Grist. Amen.

Graham Floyd

# Unigrwydd

**Darlleniad**  **Mathew 25, 31-46**

Cyfeiriwn ein meddyliau atat ti, O! Dad, yn ein gweddi'n awr. Dyro inni'r ysbryd i weddïo fel ag y dylem. Gogoneddwn dy enw am yr hyn wyt ti, sef Duw cadarn a nerthol i bob un ohonom, y Duw a'i daearodd ei hun mor wyrthiol yn ei Fab Iesu Grist, ac a ddaeth yn ryfeddol o agos trwy ddod yn un ohonom ni.

Mawrygwn a chlodforwn di am iti amlygu dy hun trwy'r proffwydi ac 'yng nghyflawnder yr amser' ddisgleirio dy wyneb yn gyflawn yn Iesu Grist. Daethost yn agos yng Nghrist Iesu a phontiaist y gagendor ynddo a thrwyddo ef. Cydnabyddwn yn wylaidd na fuasem yr hyn ydym, oni bai amdanat ti. Derbyn felly, ein diolch a'n parch.

Gweddïwn yn arbennig dros y sawl sy'n teimlo'n unig a gwrthodedig yn y byd. Profodd dy fab dy hun, O! Dduw, wewyr unigrwydd pan oedd ar y ddaear hon.

'Bûm yn newynog ac ni roesoch fwyd imi; bûm sychedig ac ni roesoch ddiod imi; bûm yn ddieithr ac ni chymerasoch fi i'ch cartref, yn noeth ac ni roesoch ddillad amdanaf, yn glaf ac yng ngharchar ac nid ymwelsoch â mi.'

Dyna oedd ei brofiad ef.

Gwridwn gydag euogrwydd, O! Dad, ein bod ni heddiw'n gyfrifol o'i esgymuno o'n bywyd ac o'i fyd, ac o'r herwydd yn esgymuno'n cyd-ddyn yn ogystal. Gweddïwn, O! Dduw, am ras i fwydo'r newynog, i estyn diod i'r sychedig, i roi lloches i'r digartref, i ddilladu'r noeth ac ymgeleddu'r sawl sy'n glaf a chaeth.

Cofiwn yn arbennig am y sawl sy'n garcharorion i'w cartref ac i'w cymuned oherwydd amgylchiadau arbennig. Bydd yn gwmni iddynt, O! Dad, ym mha le bynnag y bônt a phwy bynnag ydynt. Gweddïwn gyda John Roberts, pan ganodd:

'Pan fwyf yn teimlo'n unig lawer awr,
Heb un cydymaith ar hyd llwybrau'r llawr,
Am law fy Ngheidwad y diolchaf i,
Â'i gafael ynof er nas gwelaf hi.

Pan fyddo beichiau bywyd yn trymhau,
A blinder byd yn peri im lesgáu;
Gwn am y llaw a all fy nghynnal i,
Â'i gafael ynof er nas gwelaf hi.'

Boed inni deimlo'r llaw sy'n gafael ynom yn awr, O! Dduw, er mwyn troi'r nos yn ddydd, anobaith yn obaith, pryder yn hyder ac unigrwydd yn gwmnïaeth.

Cofia, felly, O! Dad, y sawl sy'n ddigwmni, yn ddigymydog, yn ddiymgeledd ac yn ddiamddiffyn yn y byd. Agor ein llygaid a theneua'n clustiau i weld a chlywed cri ein cyd-ddynion. Maddau inni am eu hesgeuluso, a gwna ni'n debyg i Iesu yn ein hawydd i'w hadfer yn ôl i'r gymdeithas.

Clyw ni yn ein gweddïau. Rhagora lawer arnynt. Maddau i ni ein camweddau a'n hanwireddau. Maddau bopeth annynol, angharedig ac anghristnogol sydd ynom. Gofynnwn hyn yn enw ac yn haeddiant ein Harglwydd Iesu Grist, dy Fab, ein Prynwr. Amen.

Eric Williams

# Cariad

---

## Darlleniad     1 Corinthiaid 13, 1-13

---

Atat ti, O! Arglwydd, ein Duw a'n Tad, yr agosawn yn awr mewn gweddi. Fe'th gydnabyddwn ac fe'th glodforwn am ein creu a'n cynnal ac am dy gariad dihysbydd tuag atom yn dy Fab, Iesu Grist, ein Harglwydd. Canmolwn di am y datguddiad cyflawn ohonot a gawn ynddo ef, ac am ei fod yn esiampl berffaith i ni ei efelychu.

Diolchwn, O! Dduw, am y rheiny a'n carodd ni pan oeddem yn blant. 'Am dadau pur a mamau mwyn, ein Tad, moliannwn di.' Am inni gael y sicrwydd o'th gariad di trwy gariad ein rhieni tuag atom; am iddynt barhau i'n caru a'n canmol er ein hannheilyngdod yn aml; am inni dderbyn o eithaf eu cariad hwy a hynny hyd at aberth yn fynych, O! Dad, derbyn ein diolch.

A ninnau'n diolch i ti, O! Dduw, am ein breintiau a'n bendithion, dymunwn gofio'r sawl sydd yn byw mewn arswyd ac ofn yn y byd; y sawl sy'n byw mewn chwerwder a chasineb ac wedi'u hamddifadu o gariad a charedigrwydd yn eu bywyd. Clyw ein cri, dirion Dad, dros y trueiniaid hyn i gyd.

Cyffeswn ger dy fron, O! Arglwydd, ei bod yn anodd ac weithiau yn amhosibl, cyrraedd y patrwm delfrydol o garu, 'fel y ceraist ti ni.' Weithiau, O! Dduw, gall caru gelyn fod yn fwrn ac yn faich. Am hynny, dyro inni dy Ysbryd a llanw'n calonnau o'r gwir gariad nad yw'n ein gollwng byth. Cynorthwya ni i gyd i geisio, 'gweld yr enfys drwy y glaw' ac i'n perthynas â'n cyd-ddyn fod yn iachach, yn lanach, yn burach, yn gyfoethocach ac yn berffeithiach nag erioed o'r blaen.

Tosturia, O! Arglwydd, wrthym ni ac wrth bobloedd yr holl fyd yn ein methiant ymddangosiadol i'th ddatguddio'n 'dduw y cariad nad yw'n oeri' yn ein bywydau; maddau'r chwerwder a'r dicter sy'n llanw'n calonnau ni ac sy'n llifo'n fôr ym mywyd trigolion byd. Diolchwn er hynny, am boced o obaith sydd i'w gweld yma a thraw ar wyneb daear, lle mae dyn yn mynnu bod yn frawd i'w gyd-ddyn er gwaethaf yr amgylchaidau a'r anawsterau i gyd.

Planna, O! Dduw, dy Ysbryd o'n mewn er mwyn cael gwell byd, lle y gall dynion gyd-fyw'n gytûn mewn harmoni a heddwch. Helpa ni, O! Dad, ym mlwyddyn rhyngwladol 'goddefgarwch' i ddangos trwy gariad, ein bod yn barod i, 'oddef i'r eithaf, i gredu i'r eithaf, i obeithio i'r eithaf ac i ddal ati i'r eithaf', er mwyn ein gilydd ac er clod i ti.

Wrth inni, O! Dduw, ofyn am dy bardwn am ein ffaeleddau, deisyfwn yr un pryd i ti'n cynorthwyo ni i wneud popeth yn ein gallu i sefydlu cariad a chymod, dealltwriaeth a doethineb rhwng pobloedd a chenhedloedd byd.

'O! nefol Dad, dy gariad di, sydd wedi dysgu'n cariad ni, gwrando'n drugarog ar ein cri, er mwyn yr Oen.'

Gweddïwn hyn, yn enw a haeddiant dy Fab, ein Harglwydd Iesu Grist. Amen.

Eric Williams

# Henaint

## Darlleniad    Ioan 21, 15-19

Hollalluog a Thragwyddol Dduw, cydnabyddwn di am ein creu a'n cynnal hyd yn awr. Gwerthfawrogwn, O! Arglwydd, dy allu a'th amddiffyn trosom gydol ein hoes. Sylweddolwn mai dy drugaredd a'th dosturi di sy'n gyfrifol am anadl ein heinioes ni ar y ddaear.

Helpa ni, O! Dad, i gofio beunydd mai 'pererinion' ydym ni yma ac mai 'draw mae'n genedigol wlad.' Cynorthwya ni'n wastadol i gymryd 'un dydd ar y tro' fel rhodd oddi wrthyt ti, ac fel arwydd o'th gariad a'th gonsýrn tuag atom i gyd.

Planna ynom o'r newydd yr ymdeimlad o'n dibynnu arnat, a thosturia wrthym am inni gredu mwy ynom ein hunain nag ynot ti. Buost yn ein gwylio a'n gwarchod gydol ein hoes, a chydnabyddwn dy fawredd a'th fendithion i ni. Maddau ein ffolineb yn byw bywyd annibynnol gan ein hynysu'n hunain yn aml oddi wrth deulu a châr a chymydog. Agor ein llygaid, O! Dduw, i sylweddoli y daw dydd y bydd yn rhaid i'n hannibyniaeth droi'n ddibynnu ar eraill.

Helpa ni i gredu'n fwy angerddol nag erioed mai ti yw awdur bywyd a chynhaliwr pob peth byw. 'Duw biau edau bywyd, a hawl i fesur ei hyd,' meddai'r gair. Credwn, Arglwydd mai yn dy law di y mae'n hyfory ni ac mai ti yn dy ddoethineb dy hun sy'n trefnu ein dyddiau ar y ddaear. Diolchwn am flynyddoedd ein bywyd, O! Dduw, ac am bawb a phopeth a gyfoethogodd y bywyd hwnnw i bob un ohonom. Fe'n galluogaist ni i fwynhau bywyd trwy roi mesur o iechyd da i ni, yn gorfforol a meddyliol.

Bendigwn di am bawb sy'n fawr eu gofal am eraill yn y byd, yn arbennig y rheiny sy'n agos atom ac yn ein cysuro a'n cynorthwyo'n wastadol. Am y rheiny sy'n tywys ac amddiffyn buddiannau eu cyd-ddynion ar y ddaear, derbyn ein diolch, O! Arglwydd; am y rheiny sy'n llaw a llygaid i eraill, derbyn ein diolch, O! Arglwydd; am y rheiny sy'n llais ac yn glyw i eraill, derbyn ein diolch O! Arglwydd; am y rheiny sy'n draed ac yn ymgeledd i eraill, derbyn ein diolch, O! Arglwydd.

Gweddïwn yn benodol gyda diolch am dywyswyr a gofalwyr y sawl sy'n teimlo'n ddiymadferth. Helpa ni i werthfawrogi pob ymdrech a wneir i leddfu gofidiau a phrofedigaethau mynd yn hen.

Arglwydd, erglyw ein gweddi dros y rheiny sy'n amddifad o gwmni a chysur yn eu henaint; y sawl sy'n teimlo bod y byd yn mynd heibio iddynt; y sawl sy'n teimlo'n ddigymydog ac yn ddigyfaill. Arglwydd, yn dy drugaredd, clyw ein gweddi drostynt i gyd. Cofia di, O! Dad y rheiny yr ydym ni wedi'u anghofio, a dyro iddynt ymdeimlad sicr dy fod yn eu hymyl gydol y daith.

Parha i'n tywys, O! Dduw ein Tad, hyd ddiwedd ein taith, pryd bynnag a sut bynnag y daw hynny. Gwna ni i deimlo'n ddiogel yn dy gwmni gan ymddiried ynot yn fwy nag erioed. Ac yn hwyrddydd ein bywyd, Arglwydd, helpa ni i bwyso mwy arnat, gan wybod na fydd dy fraich byth yn torri.

Clyw ni yn dy nefeodd, am ein bod yn gofyn y cyfan hyn yn enw a haeddiant Crist Iesu, ein Harglwydd. Amen.

Eric Williams.

# Plant ac Ieuenctid

## Darlleniad  Marc 10, 13-16

O! Dduw, ein Tad nefol, atat ti y dymunwn droi yn awr mewn gweddi. Cymhwysa ni i gyd i agosáu atat mewn ysbryd a gwirionedd er mwyn i'th enw di a'th enw di yn unig, gael ei ddyrchafu yn ein plith.

Trugarha wrthym, O! Arglwydd, am inni'n aml ein dyrchafu'n hunain, hyd yn oed o'th flaen di. Dysg ni, felly, o'r newydd, pwy wyt ti a beth ydym ni mewn gwirionedd.

Canmolwn di am dy fawredd a'th allu yn cynnal ac yn cyfarwyddo pob un ohonom hyd y foment hon. Diolchwn i ti, Arglwydd, am blant ein gwlad a'n byd - ti, yr un a gymerodd blant yn ei freichiau ei hun a'u bendithio. Deisyfwn arnat i gymryd plant Cymru a'r byd yn dy freichiau heddiw, O! Dad.

Fe ddatguddiaist dy hun O! Dduw yng nghyflawnder yr amser, yn dy fab dy hun, Iesu Grist ein Harglwydd. Ac fel y bu yntau'n blentyn unwaith, gweddïwn heddiw dros holl blant ein gwlad a'n byd yn eu diniweidrwydd, eu symlrwydd a'u naturioldeb. Cawn ein hatgoffa O! Dad yng ngeiriau Crist ei hunan:

'Gadewch i'r plant ddod ataf fi; peidiwch â'u rhywstro, oherwydd i rai fel hwy y mae teyrnas Dduw yn perthyn. Yn wir, rwy'n dweud wrthych, pwy bynnag nad yw'n derbyn teyrnas Dduw yn null plentyn, nid â byth i mewn iddi.'

Maddau inni, Arglwydd, am inni'n aml lesteirio dy freichiau di rhag anwesu ac anwylo'r plant sydd o'n cwmpas heddiw. Dysg ni mai trwy fod fel plentyn, yn naturiol a gonest, y mae inni etifeddu'r deyrnas. Bendigwn di, Arglwydd, am dwf a thyfiant a phrifiant corfforol a meddyliol yn hanes pob plentyn. 'Cynyddu mewn doethineb a maintioli, a ffafr gyda Duw a dynion,' wnaeth Iesu ei hun, meddai'r Gair. Diolchwn i ti, O! Dad, am asbri a nwyf ac anturiaeth pobl ifanc pob oes. Gwyddost Arglwydd, bod pobl ifanc yn agored ac yn hawdd eu dylanwadu a'u niweidio. Gwared ni, O! Dduw rhag inni eu ffrwyno a'u rhwystro a phylu eu ffyniant a'u tyfiant. Helpa ni i'w helpu hwy i sefydlu gwell byd o ddealltwriaeth a doethineb i'r dyfodol.

Diolchwn i ti, ein Tad, am bob awydd ac arwydd i dyfu fel Iesu ei hun, mewn maintioli a doethineb. Boed i'th Ysbryd yng Nghrist sicrhau dyfodol llawn a llawen i blant ac ieuenctid y cyfnod, er mwyn iddynt hwy yn eu tro arwain eraill at berson Crist.

Deisyfwn y cyfan hyn yn enw a theilyngdod Crist Iesu, ein Harglwydd. Amen.

Eric Williams

# Y Teulu

**Darlleniad**     **Ioan 11, 1-16**
                   **Effesiaid 3, 14-21**

Trown yn wylaidd a gostyngedig atat yn awr, O! Dad nefol, mewn gweddi. Cymhwysa ni mewn meddwl ac ysbryd i ddynesu atat ac i deimlo dy fod yn ein plith y munudau hyn. Clodforwn a chanmolwn dy enw am yr hyn a fuost i ni yn Iesu Grist, dy Fab, am yr hyn wyt ti i ni'n awr, ac am yr hyn a fyddi i ni i'r dyfodol.

Ti, y Duw tragwyddol sy'n hollbresennol, hollalluog a hollwybodol, a gydnabyddwn am dy fawredd a'th ras yn a thrwy Iesu Grist, dy Fab, ein Ceidwad.

Creaist ddyn 'ar dy ddelw dy hun' a gwelaist yn dda i'w blannu ar y ddaear; rhoddaist iddo'r gallu a'r awydd i sefydlu 'teulu,' a thrwy'r cenedlaethau buost yn fawr dy ofal i ddiogelu'r patrwm arbennig hwnnw. Bendigwn di, O! Dad, am yr hil ddynol, a llawenhawn iti fod yn gyfrifol i'n rhoi ni'n deuluoedd ar y ddaear. Cydnabyddwn yn ddiolchgar ger dy fron y dilyniant unigryw hwn o berthyn i deulu a thylwyth. Ymfalchïwn, O! Arglwydd, nid yn unig yn ein teulu ni'n hunain , ond yn holl deuluoedd y ddaear. Sylweddolwn, O! Dduw, pa mor bwysig yr ystyria Iesu ei hun yr elfen deuluol yn ei fywyd yntau ar y ddaear, ac iddo uniaethu'i hunan â theulu Bethania. Cynorthwya ni, O! Dad, i werthfawrogi cyfraniad pob aelod o fewn i'r teulu, boed yn Fair neu'n Fartha neu'n Lasarus. Helpa ni i sylweddoli bod lle i bawb a phawb a'u lle o fewn y cylch teuluol. Diolchwn i ti am bobl debyg i Martha sy'n gweini'n ddirwgnach, ac am bobl debyg i Mair sy'n ystyriol a defosiynol ei naws. Canmolwn di O! Arglwydd, am iddynt ill dwy ddangos consýrn a chariad tuag at eu brawd Lasarus, yn eu hawydd i Iesu, y Meddyg mawr, ddod i'w weld.

Deisyfwn, O! Dduw, ar i deuluoedd daear ddilyn esiampl chwiorydd Bethania mewn cariad a chonsýrn tuag at eraill.

Gweddïwn, Arglwydd, dros deuluoedd Cymru heddiw, ac yng ngeiriau Elfed, deisyfwn:

'Boed pob aelwyd dan dy wenau
A phob teulu'n deulu Duw;
Rhag pob brad, nefol Dad
Cadw di gartrefi'n gwlad.'

Gweddïwn hefyd, O! Dduw, yng ngeiriau J.T. Job:

'Dyro fwynder ar yr aelwyd,
Purdeb a ffyddlondeb llawn,
Adfer yno'r sanctaidd allor
A fu'n llosgi'n ddisglair iawn:
Na ddiffodded
Arni byth mo'r dwyfol dân.'

Gweddïwn dros deuluoedd yr holl fyd yn eu hamrywiol amgylchiadau. Dyro gariad a phurdeb; dyro ymddiriedaeth a dealltwriaeth; dyro ras a chymod yng nghalonnau aelodau pob teulu er mwyn sefydlu heddwch byd.

Cynorthwya ni, O! Arglwydd, i wneud y cyfan hyn er lles a llwyddiant y teulu dynol yr wyt ti, o'th ras a'th gariad, yn ei gynnal a'i gadw â'th law dy hun.

Tosturia wrthym, O! Dduw, a dyro i ni yn enw a thrwy haeddiant dy Fab, Iesu Grist ein Harglwydd, bardwn am ein beiau oherwydd mai trwyddo ef y gweddïwn hyn. Amen.

Eric Williams

# Amynedd

**Darlleniad**     **Iago 5, 7-11**

O! Dduw, 'ffynhonnell pob dyfalbarhad ac anogaeth', canmolwn di am dy fawr amynedd tuag atom. Diolchwn i ti dy fod yn Dduw trugarog a graslon, 'araf i ddigio a llawn ffyddlondeb'. Ni wnaethost â ni yn ôl ein pechodau, ac ni thelaist i ni yn ôl ein troseddau. Gwyddost ein deunydd, ac yr wyt yn cofio mai llwch ydym.

> 'Rhyfedd amynedd Duw
> Ddisgwyliodd wrthym cyd'.

Clodforwn di, O! Arglwydd, am 'amynedd Crist'. Diolch am iddo fod mor amyneddgar â phechaduriaid, yn condemnio'r drwg, ond yn fodlon achub hyd yr eithaf. Rhyfeddwn at ei ras a'i drugaredd yn ei ymwneud â phobl, a diolchwn ei fod mor amyneddgar heddiw ag y buodd erioed:

> 'Mae e'n maddau beiau mawrion,
> Mae e'n caru yn ddi-drai,
> A'r lle caro, mae ei gariad
> Yn dragywydd yn parhau:
> Nid oes terfyn
> I'w amynedd ef, a'i ras'.

Gofynnwn i ti, O! Arglwydd da, i feithrin amynedd ynom ni. Helpa ni i ddisgwyl 'yn dawel am yr Arglwydd', ac i 'aros yn amyneddgar amdano'. Y mae 'amynedd yn well nag ymffrost', a dymunwn ei feithrin yn ein bywyd.

> 'Araf iawn wyf fi i ddysgu,
> Amyneddgar iawn wyt ti.'

Cyffeswn ger dy fron ein diffyg amynedd. Rydym yn aml yn llawdrwm ar eraill, heb oddef ein gilydd mewn cariad. Cyfeiria ein calonnau 'at amynedd Crist', gan ein hatgoffa mai digon i ni dy ras di, a bod y prawf ar ein ffydd 'yn magu dyfalbarhad'.

Sylweddolwn fod arnom angen amynedd yn fawr iawn. Hir pob aros, ond yn fynych nid oes gennym yr amynedd i ddisgwyl cyhyd. Atgoffa ni'n barhaus 'fod un diwrrnod yng ngolwg yr Arglwydd fel mil o flynyddoedd, a mil o flynyddoedd fel un diwrnod'. Anfonaist dy Fab i'r byd yng nghyflawniad yr amser, ac nid wyt Ti'n oedi cyflawni addewid Ei ailddyfodiad. Bod yn ymarhous wrthym yr wyt am nad wyt yn 'ewyllysio i neb gael ei ddinistrio, ond i bawb ddod i edifeirwch'.

Cynorthwya ni felly, O! Arglwydd, i fod yn amyneddgar 'hyd ddyfodiad yr Arglwydd'. Gwelwn 'fel y mae'r ffermwr yn aros am gynnyrch gwerthfawr y ddaear, yn fawr ei amynedd amdano nes i'r ddaear dderbyn y glaw cynnar a'r diweddar'. Helpa ninnau hefyd i fod yn amyneddgar, gan ein cadw'n hunain yn gadarn, 'oherwydd y mae dyfodiad yr Arglwydd wedi dod yn agos'. Ystyriwn 'fel esiampl o ddynion yn dioddef yn amyneddgar, y proffwydi a lefarodd yn enw'r Arglwydd'. Clywsom hefyd am ddyfalbarhad Job, a gwelsom 'y diwedd a gafodd ef gan yr Arglwydd; y mae'r Arglwydd yn dosturiol a thrugarog'.

O! Iesu da, dywedaist mai'r 'sawl sy'n dyfalbarhau i'r diwedd a gaiff ei achub'. Rho i ni felly'r grymuster 'i ddyfalbarhau a hirymaros yn llawen ym mhob dim'.

> 'Dal fi, Arglwydd, hyd y diwedd,
> N'ad im fethu ar fy nhaith;
> Cadw ynof yr amynedd
> Nad yw'n blino yn dy waith;
> Rho imi'r hyder
> Nad yw'n edrych byth yn ôl!'

Nertha ni i wneud ein galwad a'n hetholedigaeth yn sicr, gan gofio fod gennyt ti'r gallu i'n cadw rhag syrthio, a'n gosod yn ddi-fai a gorfoleddus gerbron dy ogoniant.

Ac i ti, yr unig Dduw, ein Gwaredwr, trwy Iesu Grist ein Harglwydd, y byddo gogoniant a mawrhydi, gallu ac awdurdod, cyn yr oesoedd, ac yn awr, a byth bythoedd! Amen.

Peter Davies

# Bendithion

**Darlleniad**     **Effesiaid 1, 3-14**

O! Dduw hollalluog, 'Craig Israel', clodforwn di am ein bendithio 'â bendithion y nefoedd uchod'. Y mae'r ddaear, 'sy'n yfed y glaw sy'n disgyn arni'n fynych, ac sy'n dwyn cnydau addas i'r rhai y mae'n cael ei thrin ar eu mwyn, yn derbyn ei chyfran o fendith Duw'. Ti hefyd sy'n peri i'th 'haul godi ar y drwg a'r da', ac sy'n 'rhoi glaw i'r cyfiawn a'r anghyfiawn'. Cedwir amddifaid yn fyw, a gofali'n dirion am ein gweddwon. Bendithiaist blant gynt, gan eu cymryd hwy'n dy freichiau, a rhoi dy ddwylo arnynt.

'Rhown glod i'r Arglwydd Iôr,
Â llais a llaw a chalon,
Mae ganddo ras yn stôr
I leddfu ein gofalon;
Bu'n dirion iawn i ni
Er dyddiau mebyd gwan;
Bendithion yn ddi-ri
O hyd a ddaw i'n rhan.'

Canmolwn di am ein galw i etifeddu bendith. Gwelaist yn dda i fendithio 'holl dylwythau'r ddaear' yn Abraham, gan fwriadu i'r fendith 'ymledu i'r Cenhedloedd yng Nghrist Iesu, er mwyn i ni dderbyn, trwy ffydd, yr Ysbryd a addawyd'. Diolchwn i ti fod 'pobl ffydd yn cael eu bendithio ynghyd ag Abraham ffyddiog'. Bendigedig fyddo Duw a Thad ein Harglwydd Iesu Grist! Y mae wedi'n bendithio ni yng Nghrist 'â phob bendith ysbrydol yn y nefoedd'. Molwn di am ein dewis yng Nghrist cyn seilio'r byd 'i fod yn sanctaidd ac yn ddi-fai' ger dy fron mewn cariad. Moliannwn di am ein rhagordeinio 'i gael ein derbyn yn feibion' i di dy hun trwy Iesu Grist, er clod i'th ras gogoneddus. Bendithiwn di am fod 'i ni brynedigaeth trwy ei farw aberthol', ac am i ti roi mesur helaeth o'th ras inni. Diolchwn i tiam hysbysu dirgelwch dy ewyllys i ni, ac am roi i ni yng Nghrist ran yn yr etifeddiaeth. Bendigwn di am osod arnom yng Nghrist sêl yr Ysbryd Glân, yr hwn 'yw'r ernes o'n hetifeddiaeth', 'er clod i ogoniant Duw'.

> 'Daeth ffrydiau melys iawn
> Yn llawn fel llu
> O ffrwyth yr arfaeth fawr
> Yn awr i ni;
> Hen iachawdwriaeth glir
> Aeth dros y cryndir cras;
> Bendithion amod hedd –
> O! ryfedd ras!'

Molwn di am dy fod yn Dduw cariad. Ohonot ti y daw cariad, ac fe welaist yn dda i ddangos dy gariad tuag atom. Diolchwn i ti am garu'r byd cymaint nes i ti roi dy unig Fab, 'er mwyn i bob un sy'n credu ynddo ef i beidio a mynd i ddistryw ond cael bywyd tragwyddol'.

Moliannwn di am fod bendithion yn 'disgyn ar y cyfiawn', ac am y caiff y dyn ffyddlon lawer o fendithion. Addewaist fendithion dy bobl gynt 'yn y dref ac yn y maes', ac fe ddiolchwn i ti am wneud dy Fab 'yn ddoethineb i ni', 'yn gyfiawnder a sancteiddhad a phrynedigaeth'.

Diolchwn i ti am rodd yr Ysbryd Glân. dy Ysbryd sy'n rhoi bywyd, ac yn galluogi dy blant i lefain, 'Abba! Dad!' Molwn di am 'ffrwyth yr Ysbryd', ac am yr 'amrywiaeth doniau' y mae'r Ysbryd yn eu rhoi i bob un, er lles pawb:

> 'Dy Ysbryd sy'n goleuo,
> Dy Ysbryd sy'n bywhau,
> Dy Ysbryd sydd yn puro,
> Sancteiddio a dyfrhau.'

Ac yn awr, i ti, ein Duw ni, y byddo'r mawl a'r gogoniant a'r doethineb a'r diolch a'r anrhydedd a'r gallu a'r nerth byth bythoedd! Amen.

Peter Davies

# Y Greadigaeth

## Darlleniad      Salm 8

'O Arglwydd, ein Iôr, mor ardderchog yw dy enw ar yr holl ddaear!' ... 'Teilwng wyt ti, ein Harglwydd a'n Duw, i dderbyn y gogoniant a'r anrhydedd a'r gallu, oherwydd tydi a greodd bob peth, a thrwy dy ewyllys y daethant i fod ac y crewyd hwy.' ... 'Duw tragwyddol yw'r Arglwydd a greodd gyrrau'r ddaear; ni ddiffygia ac ni flina, ac y mae ei ddeall yn anchwiliadwy.'

> 'Moliannwn di, O! Arglwydd,
> Wrth feddwl am dy waith
> Yn llunio bydoedd mawrion
> Y greadigaeth faith;'

Canmolwn di, O! Dduw hollalluog, am y greadigaeth gyfan. 'Gwelodd Duw y cwbl a wnaeth, ac yr oedd yn dda iawn'. Dengys dy waith dy dragwyddol allu a'th dduwdod, ac 'y mae'r nefoedd yn adrodd gogoniant Duw, a'r ffurfafen yn mynegi gwaith ei ddwylo'. 'Oddi uchod y daw pob rhoi da a phob rhodd berffaith. Disgyn y maent oddi wrth Dad goleuadau'r nef, ac iddo ef ni pherthyn na chyfnewid na chysgod troadau'r sêr.' Derbyniwn â diolch roddion y greadigaeth, gan sylweddoli fod pob dim felly yn 'cael ei sancteiddio trwy Air Duw a gweddi'.

> 'Am brydferthwch daear lawr,
> Am brydferthwch rhod y nen,
> Am y cariad rhad bob awr
> Sydd o'n cylch ac uwch ein pen,
> O! Dduw graslon, dygwn ni
> Aberth mawl i'th enw di.'

Ti a greodd ddyn ar dy ddelw dy hun, yn wryw ac yn fenyw, ac a'u bendithiodd hwy, gan orchymyn iddynt hwy lanw'r ddaear a'i llywodraethu. Ti hefyd 'sy'n rhoi i bawb fywyd ac anadl a'r cwbl oll'. Ti a wnaeth 'o un dyn bob cenedl o ddynion, i breswylio ar holl wyneb y ddaear, gan bennu cyfnodau ordeiniedig a therfynau eu preswylfod'. Ti, 'Arglwydd nef a daear', a'm creaist i, ac a'm lluniaist 'yng nghroth fy mam'.

Cydnabyddwn fod pob peth wedi ei greu trwy Iesu Grist, 'ac er ei fwyn ef'. Ef yw'r Gair oedd 'yn y dechreuad gyda Duw', ac wrth enw Iesu fe blŷg 'pob glin yn y nef ac ar y ddaear a than y ddaear'. Ef yw 'cyntaf-anedig yr holl greadigaeth', ac ynddo ef y caiff yr holl greadigaeth ei dwyn i undod:

> 'Rwy'n gweld o bell y dydd yn dod -
> Bydd pob cyfandir is y rhod
> Yn eiddo Iesu mawr;
> A holl ynysoedd maith y môr
> Yn cyd-ddyrchafu mawl yr Iôr,
> Dros wyneb daear lawr.'

O! Arglwydd da, addewaist greu 'nefoedd newydd a daear newydd' 'lle bydd cyfiawnder yn cartrefu'. 'Darostyngwyd y greadigaeth i oferedd', ac mae arno angen 'ei rhyddhau o gaethiwed a llygredigaeth, a'i dwyn i ryddid a gogoniant plant Duw'. Mae'r 'holl greadigaeth yn ochneidio, ac mewn gwewyr drwyddi draw, hyd heddiw'. Mae'n disgwyl yn daer 'am i feibion Duw gael eu datguddio', a diolchwn i ti dy fod eisoes wedi dechrau ar y gwaith o greu drachefn. Molwn di am fod dyn yng Nghrist yn 'greadigaeth newydd', a'i fod yn gwisgo amdano 'y natur ddynol newydd sydd wedi ei chreu ar ddelw Duw, yn y cyfiawnder a'r sancteiddrwydd sy'n gweddu i'r gwirionedd'. Diolchwn hefyd y bydd yr Arglwydd Iesu Grist 'yn gweddnewid ein corff darostyngedig ni ac yn ei wneud yn unffurf â'i gorff gogneddus ef, trwy'r nerth sydd yn ei alluogi i ddwyn pob peth dan ei awdurdod'.

Ac yn awr, i ti, Brenin tragwyddoldeb, yr anfarwol a'r anweledig a'r unig Dduw, y byddo'r anrhydedd a'r gogoniant byth bythoedd! Amen.

Peter Davies

# Gwirionedd

## Darlleniad    2 Ioan

O! Dduw ffyddlon, yr 'un cyfiawn ac uniawn', canmolwn di am dy fod 'yn Dduw trugarog a graslon, araf i ddigio, a llawn ffyddlondeb a gwirionedd'. 'Cyfiawnder a barn yw sylfaen dy orsedd,' ac mae dy holl lwybrau 'yn llawn cariad a gwirionedd.' Rwyt yn 'caru cyfiawnder a barn' ac 'mae cariad a gwirionedd yn mynd o'th flaen'. 'Y mae dy gyfiawnder di yn gyfiawnder tragwyddol, ac y mae dy gyfraith y wirionedd.'

Clodforwn di, 'y digelwyddog Dduw', am fod 'd'eiriau di yn wir'. 'Gwir yw gair yr Arglwydd,' ac nid oes ansicrwydd yn perthyn i ti. 'Y mae dy holl orchymynion yn wirionedd,' ac 'yr wyt yn dymuno gwirionedd oddi mewn.' 'O! Arglwydd, dysg i mi dy ffordd, i mi rodio yn dy wirionedd; rho i mi galon gywir i ofni dy enw'. 'Arglwydd, pwy a gaiff aros yn dy babell? Pwy a gaiff yn dy fynydd sanctaidd? Yr un sy'n byw'r gwir, yn gwneud cyfiawnder, ac yn dweud gwir yn ei galon.'

'O! Arglwydd, gwêl dy was,
A phrawf fy nghalon i;
Os gweli ynof anwir ffordd,
I'r uniawn tywys fi.'

Moliannwn di, O! Arglwydd, am fod dy Fab 'yn llawn gras a gwirionedd'. Ef 'yw'r ffordd a'r gwirionedd a'r bywyd', ac mae ei eiriau'n wirionedd i gyd. Daeth i'r byd 'i dystiolaethu i'r gwirionedd', ac mae pawb sy'n perthyn i'r gwirionedd yn gwrando ar ei lais. Rwyt ti yn dwyn tystiolaeth wir amdano, ac mae Ysbryd y Gwirionedd hefyd yn tystio amdano. Ynddo ef y mae'r 'Ie' i holl addewidion Duw, a thrwyddo ef yr ydym yn dweud yr 'Amen' er gogoniant Duw.

Diolchwn i ti fod y gwirionedd yn rhyddhau caethweision pechod, ac yn eu gwneud 'yn rhydd mewn gwirionedd'. 'Lle y mae Ysbryd yr Arglwydd, y mae rhyddid.' Molwn di am fod Ysbryd y Gwirionedd yn arwain dy blant 'yn yr holl wirionedd', ac mai 'dy air di yw'r gwirionedd'.

> 'O! Arglwydd Dduw'r Hwn biau'r gwaith,
> Arddel dy faith wirionedd,
> Fel byddo i bechod o bob rhyw
> Gael marwol friw o'r diwedd.'

O! Dduw byw, dy Eglwys di yw 'colofn a sylfaen y gwirionedd'. Am hynny, gofynnwn i ti ei chadw rhag gau broffwydi sy'n dod ati 'yng ngwisg defaid, ond sydd o'u mewn yn fleiddiaid rheibus'. Rhybuddiaist ni rhagddynt, a dywedaist wrthym mai 'wrth eu ffrwythau yr adnabyddwch hwy'. Gwared ni rhag cael ein 'gyrru yma a thraw gan bob rhyw awel o athrawiaeth'. Nertha ni yn hytrach i sefyll â gwirionedd yn wregys am ein canol, gan 'ddilyn y gwir mewn cariad, a thyfu ym mhob peth i Grist', ein Pen. Cynorthwya ni i 'garu nid ar air nac ar dafod, ond mewn gweithred a gwirionedd'. Cryfha ni i 'fod yn gydweithwyr dros y gwirionedd', gan gofio fod cariad 'yn cydlawenhau â'r gwirionedd'.

> 'Am wirionedd boed ein llafur,
> Am wirionedd boed ein llef,
> Dim ni thycia ond gwirionedd
> O flaen gorsedd bur y nef:
> Gwir wrth fyw, a gwir wrth farw,
> Fydd yn elw mwy na'r byd;
> Arglwydd grasol, o'th drugaredd,
> Rhoi wirionedd inni i gyd.'

Ac yn awr, iddo ef, sydd â'r gallu ganddo i wneud yn anrhaethol well na dim y gallwn ni ei ddeisyfu na'i ddychmygu, trwy'r gallu sydd ar waith ynom ni, iddo ef y bo'r gogoniant yn yr eglwys ac yng Nghrist Iesu, o genhedlaeth i genhedlaeth, byth bythoedd! Amen.

Peter Davies

# Addoli

## Darlleniad    Salm 3

O! Arglwydd Dduw hollalluog, 'yr unig Dduw', addolwn di am nad oes Duw ond tydi. 'Mawr wyt ti, O Arglwydd Dduw, oblegid ni chlywodd ein clustiau am neb tebyg i ti, nac am un duw ar wahân i ti'. 'Nid oes Duw fel tydi yn y nef uwchben nac ar ddaear lawr,' ac 'ni all y nefoedd na nef y nefoedd dy gynnwys.' 'Mawr yw'r Arglwydd, a theilwng iawn o fawl; y mae i'w ofni'n fwy na'r holl dduwiau.'

Tydi, 'y Duw mawr, cryf ac ofnadwy', 'sy'n lladd, a gwneud yn fyw'. 'Mawr a rhyfeddol yw dy weithredoedd, O Arglwydd Dduw hollalluog, cyfiawn a gwir yw dy ffyrdd, O Frenin y cenhedloedd'. 'Pwy ymhlith y duwiau sy'n debyg i ti, O Arglwydd? Pwy sydd fel tydi, yn ogoneddus ei sancteiddrywdd, yn teilyngu parch a mawl, ac yn gwneud rhyfeddodau?' 'Sanct, Sanct, Sanct yw'r Arglwydd y lluoedd; y mae'r holl ddaear yn llawn o'i ogoniant'.

'Sanctaidd, sanctaidd, sanctaidd, Dduw hollalluog!
Datgan nef a daear eu mawl i'th enw di:
Sanctaidd, sanctaidd, sanctaidd, cadarn a thrugarog!
Trindod fendigaid yw ein Harglwydd ni!'

Canmolwn di, O! Arglwydd, oherwydd 'yr wyt ti'n Dduw sy'n maddau, yn raslon a thrugarog, araf i ddigio a llawn ffyddlondeb'. 'Yr wyt ti, Arglwydd, yn dda a maddeugar, ac yn llawn trugaredd i bawb sy'n galw arnat.' 'Da yw'r arglwydd; y mae ei gariad hyd byth, a'i ffyddlondeb hyd genhedlaeth a chenhedlaeth.' Nid wyt ti'n ceryddu'n ddidrugaredd, nac yn meithrin dy ddicter am byth. 'Oherwydd fel y mae'r nefoedd uwchben y ddaear, y mae ei gariad ef dros y rhai sy'n ei ofni':

'Pa Dduw ymhlith y duwiau
Sydd debyg i'n Duw ni?
Mae'n hoffi maddau'n beiau,
Mae'n hoffi gwrando'n cri;
Nid byth y deil eiddigedd,
Gwell ganddo drugarhau;
Er maint ein hannheilyngdod,
Mae ei gariad e'n parhau.'

'Bendigedig fyddo enw'r Arglwydd o hyn allan a hyd byth.'
'Cododd waredigaeth gadarn i ni yn nhŷ Dafydd ei was.' Molwn di
am 'y newydd da am lawenydd mawr' a ddaeth i ni yng ngeni'r
Gwaredwr. Diolch am i Grist farw dros ein pechodau ni, yn ôl yr
ysgrythurau; iddo gael ei gladdu, a'i gyfodi y trydydd dydd, yn ôl yr
ysgrythurau. 'Ef yw'r iawn dros ein pechodau ni, ac nid dros ein
pechodau ni yn unig, ond hefyd bechodau'r holl fyd.' 'Teilwng yw'r
Oen a laddwyd i dderbyn gallu, cyfoeth, doethineb a nerth,
anrhydedd, gogoniant a mawl'. Ef yw'r 'cyntaf-anedig o blith y meirw',
ac mae'n fyw bob amser i eiriol drosom.

'Pa le, pa fodd dechreuaf
Foliannu'r Iesu mawr?
Olrheinio'i ras ni fedraf;
Mae'n llenwi nef a llawr.'

O! Dduw Dad, clodforwn di am 'ddawn yr Ysbryd Glân'.
Addewaist roi dy Ysbryd yn dy bobl, a gwneud iddynt ddilyn dy
ddeddfau a gofalu cadw dy orchmynion. Diolchwn i ti am gyflawni
dy addewid, gan 'roi'r Ysbryd yn ernes yn ein calonnau'. Datguddiaist
i ni trwy'r Ysbryd y pethau a ddarperaist ar gyfer y rhai sy'n dy garu.
Yr Ysbryd sydd yn plymio dyfnderoedd Duw, ac sydd yn rhoi ar
wybod inni y pethau a roddaist o'th ras i ni.

Ac yn awr, i'r hwn sy'n eistedd ar orsedd, ac i'r Oen, y bo'r mawl
a'r anrhydedd a'r gogoniant a'r nerth byth bythoedd! Amen.

Peter Davies.

# Rhai sy'n Gofalu

## Darlleniad          Salm 23

Dad pob gofal a thawel ostegwr pob storm, atat ti y trown gyda diolch am y rhai sy'n gofalu.  Pobl ydynt sydd yn ymateb i gyflwr ac i sefyllfa eraill mewn cariad a thosturi.

*Cofiwn am ofal Mair, mam Iesu.  Gofal greddfol a naturiol mam dros ei phlentyn; gofal a barhaodd dros Iesu ar hyd ei fywyd; gofal a rannodd ym mhwysau'r groes, ac yn nioddefaint y croeshoeliad.*

Diolchwn i ti am ofal mamau'r byd heddiw.

Y fam sydd, mewn cariad, yn dymuno y bydd i'r baban yn ei breichiau brofi o'th wenau di ar hyd ei oes.

Y fam sy'n rhannu yng ngofid ei phlentyn sy'n wynebu amgylchiadau anodd neu annheg.

Y fam sy'n dal i garu a phoeni pan fod ei phlentyn wedi ei arwain i drafferthion.

Y fam sy'n cyd-ddioddef â phlentyn ar gyffuriau, neu sydd yng ngharchar.

Y fam na ŵyr beth yw hanes ei phlentyn.

Diolch am ofal mam.

*Cofiwn am ofal y tad hwnnw y dioddefai ei fab o epilepsi, ac a aeth ag ef at Iesu i'w iacháu, gan gyfaddef, "Y mae gennyf fi ffydd; helpa di fy niffyg ffydd".*

Diolchwn iti am ofal rhieni dros blant sy'n dioddef salwch ac afiechyd nad oes moddion i'w gael ar hyn o bryd i'w gwella. Cynnal eu breichiau wrth iddynt ofalu am holl anghenion eu plant, a phan fo'u ffydd yn diffygio, pan welant oriau'r dydd yn hir, ac oriau'r nos yn hwy, rho di dy nerth iddynt.

*Cofiwn am ofal cyfeillion rhyw ŵr a oedd wedi ei barlysu, ac a'i cariodd ar ei wely at Iesu, a'i ollwng i lawr drwy do'r tŷ lle roedd Iesu, a thyrfa fawr wedi ymgynnull.*

Diolch i ti am y bobl hynny sy'n barod i 'gerdded yr ail filltir' yn eu gofal dros eraill. Rhai sy'n barod i rannu'r beichiau a rhannu'r gofidiau dros gâr neu gydnabod neu gyfaill. Diolch am 'ofalwyr' felly yn ein cymdeithas, ac agor ein llygaid i weld sut y gallwn ninnau fod yn gyfryngau gofal fel hyn dros eraill.

*Cofiwn am ofal y fam weddw a gollodd ei mab, a'r ddwy chwaer, Mair a Martha a gollodd eu brawd.*

Cysura'r gofalwyr hynny, O! Dad, sy'n gweini dros y rhai sy'n marw. Pan ei bod hi'n anodd derbyn y drefn, pan fo'r gobeithion i gyd yn pylu, helpa hwy i wynebu'r anorfod mewn ffydd, ac i bwyso ar dy addewidion di yn Iesu Grist. Caniatâ i'r boen o golli rhywun annwyl mewn profedigaeth fod yn gyfrwng i ddod a'r rhai sydd yn eu galar a'u hiraeth i adnabyddiaeth newydd ohonot ti, ac i ymdeimlo a'th agosrwydd.

*Mae'r Salmydd yn ein hatgoffa i Dduw roi i deulu dyn awdurdod ar waith ei ddwylo, a gosod popeth dan ei draed ef, ..*

Erfyniwn am dy faddeuant am bob drwg a wnaed gennym i'th greadigaeth. Yn ein trychwant a'n hunanoldeb rydyn ni wedi treisio'r ddaear a rhannu ei adnoddau yn afradlon. Cymorth ni i sylweddoli yr ymddiriedaeth fawr a roddaist ti ynom ni; a gwna ni'n ofalwyr mwy cydwybodol o'r ddaear, ac o bob peth byw arall sy'n rhannu'r ddaear yma gyda ni fel cartref.

*Wrth gofio am y wraig a roes y ddwy hatling yng nghist y drysorfa,*

Diolchwn am rai sydd, yn eu gofal dros dy bethau di, yn cyfrannu tuag at eu cynnal. Diolchwn am dy eglwys yn dy wlad a'n byd, ac am bob rhodd a chefnogaeth sy'n ei galluogi i weithredu yn fwy effeithiol yn dy enw di. Diolchwn am bob cymorth a chynhaliaeth a gaiff pobl ganddi a thrwyddi.

*Ac wrth gofio mai 'yr Arglwydd yw fy mugail ... '*

Fe'th gydnabyddwn di, Arglwydd, nid yn unig yn greawdwr a chynhaliwr, ond ti hefyd wyt ofalwr ein heneidiau. Dyro i'n heneidiau ni nawr brofi'r tangnefedd hwnnw nad yw i'w gael ond ynot ti. Maddau inni yn haeddiannau Iesu Grist bob diffyg a diofalwch, wrth i ni gyflwyno ein hunain a'n gilydd i'th ofal dragwyddol di. Amen.

Tecwyn Ifan

# Sancteiddrwydd

**Darlleniad**  **Datguddiad 4**
**Eseia 62**

'*Bydd y dyn sanctaidd yn sanctaidd yng nghwmni'r sanctaidd a'r
annuwiol.*' (Thomas Brooks)

'O! sancteiddia f'enaid, Arglwydd,
Ymhob nwyd ac ymhob dawn.'

Dyna'n gweddi ni, Arglwydd, wrth i ni nesáu mewn llawn hyder
ffydd atat Ti. Ein dymuniad yw ar i ni gael ein sancteiddio ynot Ti,
oherwydd gwyddom mai i Ti yn unig y perthyn gwir sancteiddrwydd.
Nid oes dim llygredig na halogedig yn perthyn i Ti; glân a phur yw
dy natur a'th gymeriad ac ni elli oddef amhurdeb a bryntni. Rwyt
Ti'n perthyn i'r gogoniant tragwyddol ac i'r Goleuni na ellir ei guddio,
ond eto fe ddewisaist ddod atom o ganol anllygredigaeth y gogoniant
i fyd llygredig; a gwneud hynny'n rasol ym Mherson Iesu Grist. Diolch
i Ti am wisgo cnawd a dod atom mewn Gwaredwr -
'Er mwyn i'r brwnt gael bod yn wyn
Fel hyfryd liain main.'

Dyma yw gogoniant dy Efengyl, Arglwydd - y pur yn ymwneud
â'r amhur a'r budr. Rhai felly ydym ni, O! Arglwydd. Atgoffwn ein
hunain yn feunyddiol mai pridd y ddaear yw ein gwneuthuriad ac
aflan yw ein cymeriad hyd nes y cyffyrddom â'th sancteiddrwydd Di
drwy'r Cyfryngwr Mawr Crist Iesu. Pobl y nwydau a'r trachwantau
ydym o ran naturiaeth hyd nes cyfarfod â'th lendid naturiol Di.
Maddau i ni, Arglwydd, am greu llanast ac aflendid yn ein bywyd,
oherwydd gwyddom yn iawn am ein diffygion personol, ein
hanuwioldeb a'n hanwadalwch. Gwyddom hefyd mai ni sy'n gyfrifol
am hagrwch byd a dynoliaeth. Dy ddymuniad Di yw ar i ni oll gael
ein sancteiddio yn dy wirionedd. Boed i ni, felly, gredu yn dy addewid
dy fod Ti yn glanhau trwy angau'r groes a'th fod trwy nerth dy Ysbryd

Glân yn sancteiddio bob credadun yn y Gwirionedd. Gallwn ninnau ategu geiriau'r emynydd sy'n dweud:

'Dy Ysbryd sy'n goleuo,
Dy Ysbryd sy'n bywhau,
Dy Ysbryd sydd yn puro,
Sancteiddio a dyfrhau.'

Mawr ddiolch, felly, i Ti Arglwydd am y Sancteiddiwr Mawr a gaed yn dy Ysbryd Sanctaidd.

Cyflwynwn i Ti bawb sydd ymhell o'r sancteiddrwydd hwnnw. Diolch am nad oes neb ymhell o gyrraedd y Sanctaidd Un sy'n Dad, Mab ac Ysbryd Glân. Ond y mae yna rai, Arglwydd, nad ydynt wedi profi o'th gwmni na'th sancteiddrwydd. Sylweddolwn fod yna gannoedd a miloedd trwy'n byd sy'n byw yng nghanol llanast personol, hunanol ac emosiynol. Sylweddolwn fod yna eraill yng nghanol anawsterau cymhleth cymdeithasol ac yn byw:

'Ar balmantydd oer y dref.'
Beth a wnawn ni, Arglwydd?
'Dangos wnawn dosturi'r Prynwr,
Rhannwn ei drugaredd gref.'

Ac wrth wneud hynny, safwn ninnau'n gadarn fel pobl wedi derbyn y fraint o gredu ynot Ti ac o gael ein sancteiddio fel y medrwn gyflwyno sancteiddrwydd yr Arglwydd Iesu yn ein cymunedau.

'Sanctaidd Ysbryd,
Aros mwyach gyda ni.'

Gofynnwn hyn yn enw Iesu Grist ein Ceidwad.

Amen.

Iwan Ll. Jones.

# Gair Duw

## Darlleniad    Eseia 40
##                  Ioan 1

'Dyma Feibil annwyl Iesu,
    Dyma rodd deheulaw Duw;
Dengys hwn y ffordd i farw,
    Dengys hwn y ffordd i fyw.
Dengys hwn y golled erchyll
    Gafwyd draw yn Eden drist,
Dengys hwn y ffordd i'r bywyd
    Trwy adnabod Iesu Grist.'

Diolch i Ti, Arglwydd, am dy Air, y Gair a greodd y bydysawd a phopeth sydd ynddo, a'r Gair sy'n cynnal pob un ohonom ar daith bywyd. Fe gredwn mai taith yw bywyd, a thaith ddigon helbulus ar brydiau, ond diolch am fedru canu ar y daith am dy Air i'n harwain.

'Mae dy Air yn abl i'm harwain
    Trwy'r anialwch mawr ymlaen.'

Gan mai ymlaen yr awn ar y daith, diolch i Ti am y Gair sy'n arwain nid yn unig ar daith bywyd ond ar daith tragwyddoldeb, ac mai ar dy Air y pwyswn hyd yn oed y pryd hynny. Fe gafodd cannoedd a miloedd o bobl gynhaliaeth a chynhysgaeth en eu bywyd trwy rym dy Air Di. Cofiwn wrth ddarllen hanes y proffwydi a'r apostolion gynt mai dy Air Di a'u cynhaliodd hyd yn oed mewn amgylchiadau digon helbulus ac argyfyngus. Ond llawenhawn mai yn dy Air Di'n unig y mae'r gallu i droi sefyllfaoedd helbulus yn gyfle i gyhoeddi dy anchwiliadwy olud. Mar yw ein braint ninnau heddiw, Arglwydd, o fod yn gyhoeddwyr a gwneuthurwyr dy Air, bawb ohonom. Diolch hefyd nad ar gyfer rhyw ddosbarth arbennig o bobl y mae'r Gair yn addas ond ar gyfer pawb, ym mhob oes ac ym mhob sefyllfa.

Llefara wrthym ninnau heddiw, a phâr ein bod yn gwneud iawn a llawn ddefnydd o'th Air a geir yn y Beibl sy'n gyfoes i bawb ohonom. Arglwydd, fe ddiolchwn i Ti am bob argraffiad, am bob trosiad o'th Air mewn gwahanol ieithoedd heddiw i gyflwyno'r Gair ar ei newydd wedd er mwyn creu pobl newydd i Ti. Cawsom ninnau fel cenedl drysor yn y Beibl yn ein hiaith ein hunain. Cawsom drysor hefyd yn 1988 am Gyfieithiad Newydd o'r Beibl er mwyn gwneud dy Air yn ddealladwy i genedlaethau newydd o bobl fydd yn dod i edrych a synnu o'r newydd at dy fawrion weithredoedd.

Ond Arglwydd, pâr ein bod yn ymdeimlo â'r wefr mai cnawd yw gwir sylwedd dy Air, ac mai yng ngoleuni'r Un a wisgodd blisgyn cnawd, sef Iesu Grist, y mae dod i ddeall yr hyn y mae'r Gair yn ei gyflwyno i bob oes. Maddau i ni, Arglwydd, am fod mor ddeddfol, a hyd yn oed yn gaeth i draddodiadau, pan fo Iesu Grist yn cyflwyno rhyddid bywyd newydd i ni yng ngoleuni ac yng ngobaith dy Air. Sylweddolwn mai ein braint ni yw gwrando ar Iesu, dy Fab a'n Harglwydd ninnau, ac mai llefaru dy ddymuniadau Di a wna Ef. Gwna ninnau'n rhai awyddus i wrando arno fel ein bod yn medru gweddïo o waelod calon:

'O! llefara addfwyn Iesu,
    Mae dy eiriau fel y gwin,
Oll yn dwyn i mewn dangnefedd,
    Ag sydd o anfeidrol rin.
Mae holl leisiau'r greadigaeth,
    Holl ddeniadau cnawd a byd
Wrth dy lais hyfrytaf tawel
    Yn distewi a mynd yn fud.'

Rho, Arglwydd, gynhaliaeth dy Air i bawb sy'n simsan a sigledig heddiw, a boed iddynt deimlo grym dy Eiriau. Rho i ninnau nerth yr Ysbryd i brofi ei ogoniant yn llawn trwy Iesu Grist.

Amen.

Iwan Ll. Jones

# Ein Byd

## Darlleniad      Genesis 1

*'Eiddo Duw yw'r byd a'i gri yw ei gael yn ôl.'* (David Pawson)

'Nef a daear, tir a môr
Sydd yn datgan mawl ein Iôr.'

Diolch i Ti, Arglwydd, am blannu ynom yr ysbryd i gredu hynny o waelod calon. D'eiddo Di yw'r cyfan a grewyd, ac ni allwn ond synnu a rhyfeddu at dy fawredd a'th allu. Creaist fydysawd godidog yn llawn swyn a thlysni. Wrth i ni ddeffro bob bore, clywn adar yn canu ac anifeiliaid yn brefu, a'r cyfan fel pe baent yn dweud 'Diolch yn fawr' wrth Grëwr sydd a'i nerth a'i allu y tu hwnt i allu dynol. Ein braint ni, Arglwydd, yw cydnabod ein dyled am gael rhan yn diolch i Ti am brydferthwch y greadigaeth.

Sylweddolwn mai ni fel pobl, Arglwydd, sy'n gyfrifol am ddifetha yr hyn a grëaist Ti. Am mai pobl lygredig ydym, bu i ni ledaenu pob llygredd sy'n rhan ohonom i greu llanast yn dy fyd Di. Nid oes angen ein hatgoffa, Arglwydd, fod y canlyniadau yn ddinistriol a difaol. Am i ni gerdded ein ffyrdd ein hunain, llwyddasom i droi panorama o fyd yn anialwch. Gwelwn hynny ar hyd a lled ein daear. Nid oes angen i ni edrych ymhell, Arglwydd, am y llanast hwn. Credwn hefyd mai ni fyddai'r rhai cyntaf i gwyno a thuchan pe byddem yn gorfod:
'Meddwl am fyd heb flodyn i'w harddu,
Meddwl am wlad heb goeden na llwyn,
Meddwl am awyr heb haul yn gwenu,
Meddwl am wanwyn heb awel fwyn.
Diolchwn, Dduw, am goed a haul a blodau,
Diolchwn, Dduw, rhown glod i'th Enw Di.

Meddwl am fyd heb un anifail,
Meddwl am gae heb wartheg ac ŵyn,
Meddwl am afon heb un pysgodyn,
Meddwl am wawr heb adar a'u swyn.
Diolchwn, Dduw, am dy holl greaduriaid,
Diolchwn, Dduw, rhown glod i'th Enw Di.

Meddwl am fyd heb bobl i'w lenwi,
Pobman yn wag, y strydoedd a'r tai,
Meddwl am dref heb draffig na hewlydd
Neb yma i garu, neb i faddau bai.
Diolchwn, Dduw, am deulu ac am ffrindiau
Diolchwn, Dduw, rhown glod i'th Enw Di.'

Mae meddwl y pethau hyn, Arglwydd, yn oeri ein calonnau, ac yn fwy na hynny, yn tristáu dy Ysbryd sanctaidd.

Dymunwn ger dy fron yn awr, gyflwyno i Ti wledydd ac unigolion sy'n goddef oherwydd ein hesgeulustod ni. Mae yna wledydd ac ardaloedd, Arglwydd, yn goddef newyn a marwolaeth, a hynny ar raddfa aruthrol fawr bob dydd. Sawl bywyd a gollwyd hyd yn hyn heddiw, Arglwydd? Mae ateb, a meddwl am ateb, y math yma o gwestiwn yn codi braw a dychryn arnom. Ein cyfrifoldeb felly yw gwneud ein rhan:
'I gario baich fy mrawd,
I weini'n dirion ar y gwan
A chynorthwyo'r tlawd.'

Hyn yn wir yw ein rhan. Gofynnwn, felly, am dy faddeuant ac am hwb dy Ysbryd sanctaidd i gyflawni yr hyn y gelwi Di arnom i'w wneud er mwyn Iesu Grist.

Amen.
Iwan Ll. Jones

# Gras Duw

**Darlleniad**　　　**Effesiald 2, 5**

*'Crefydd gras yw crefydd y Beibl.'* (James Moffatt)

Diolchwn i Ti, O! Dduw am dy ras tuag atom fel pobl. Pobl sy'n haeddu dim ŷm ni, ond bod dy ras anfeidrol Di dy Hun yn cyffwrdd â'r gwannaf ohonom, ac yn cyffwrdd â ni yng nghanol ein gwendidau a'n ffaeleddau. 'Rwyt Ti'n deall pob un ohonom, ac oherwydd dy adnabyddiaeth lwyr ohonom, y mae'r gras sydd ynot yn ymdreiddio ohonot i mewn i'n bywyd sâl, tila ni. Yn dy ras y'n ceraist ni a gwneud hynny'n derfynol ym Mherson Iesu Grist, yn ei fywyd, ei Aberth a'i Atgyfodiad.

> Gras o'r fath beraidd sain,
> I'm clust, hyfrydlais yw;
> Hwn bair i'r Nef ddatseinio byth,
> A'r ddaear oll a glyw.

Llaw dy ras a'n carodd, llaw dy ras a'n cynhaliodd hyd yma, a llaw dy ras fydd yn coroni'r cyfan 'draw mewn anfarwol fyd.'

Yr ydym mor aml, Arglwydd, mor hunan-gyfiawn, mor ddi-dosturi ac mor ddall i'n cyflwr ysbrydol ein hunain ac eraill. Maddau i ni am fethu gweld dy ras yn gweithio ynom. Maddau i ni'n fwy am wrthod i'th ras ymwneud â ni, ac fe wyddom Arglwydd, mai canlyniad hynny yw byw bywyd hunan-foddhaus, beirniadol a di-gariad. Pâr i ni atgoffa'n hunain yn feunyddiol mai dy ras Di yn unig a'n hachubodd o gyflog pechod i fywyd o oleuni ac i ran o dragwyddoldeb hyd nes y'n cyflawnir ni yn llawn yn y Nefoedd.

Cyflwynwn i ti heddiw, bawb sydd wedi syrthio oddi wrth ras ag sydd mewn angen am ddogn ychwanegol ohono i'w codi o bwll trueni ac anobaith. Diolch am nad yw ffynnon Dy ras byth yn sychu fel ag y mynegodd yr emynydd:

Heddiw'r ffynnon a agorwyd
Disglair fel y grisial clir,
Y mae'n llanw ac yn llifo
Dros wastadedd Salem dir;
Bro a bryniau
A gaiff brofi rhin y dŵr.

Y mae rhinwedd gras y nefoedd
O dragwyddol faith barhad;
Nid oes darfod byth ar effaith
Perffaith haeddiant dwyfol waed:
Ac er golchi,
Nant heb lwydo, nant heb drai.

Fel y gwyddom, Arglwydd, parhau i lifo y mae dy ras ac fe fydd
yn llifo eto tra bydd sôn am Iesu a'i farwol glwy'. Boed i ninnau
ymateb i'r alwad i ddod ato a derbyn yn helaeth o'i ras.

Gofynnwn hyn yn enw Iesu Grist ein Ceidwad.    Amen.

Iwan Ll Jones

# Trugaredd

**Darlleniad**      **Salm 103, 1-13**

Deuwn ger dy fron â llawenydd, Arglwydd, wrth feddwl dy fod yn Dduw trugarog a graslon, yn araf i ddigio ac yn llawn ffyddlondeb. Addolwn di am dy fod yn trugarhau wrth fyd pechadurus, ac wrth bechaduriaid unigol. Cyffeswn nad ydym yn haeddu trugaredd oherwydd ein gwrthryfel naturiol yn dy erbyn, yn mynnu tynnu'n groes i ti wrth reddf. Gogoneddwn di am dy fod yn fodlon ymwneud â dynoliaeth o gwbl, yn hytrach na'i dileu, oherwydd ei hanufudd-dod i ti. Cydnabyddwn dy gynhaliaeth barhaus i'th fyd.

> 'Nid oes terfyn ar drugaredd yr Arglwydd, ac yn sicr ni phalla ei dosturiaethau. Y maent yn newydd bob bore, a mawr yw dy ffyddlondeb.'

Diolchwn i ti am dy fod yn goddef cymaint o bechod ac annuwioldeb heb gosbi'n syth. Rhyfeddwn at amynedd dy drugaredd yn gohirio barn er mwyn rhoi cyfle i ni edifarhau.

Diolchwn i ti dy fod, yn dy drugaredd, wedi cynllunio ffordd i achub ac adfer dy bobl o fod yn bechaduriaid gwrthryfelgar, i fod yn sanctaidd a di-nam ar lun a delw Crist:

> 'Rhyfedd na buaswn nawr
> yn y fflamau.
> Wedi cael fy nhorri i lawr
> Am fy meiau.'

Diolchwn am gynllun costus dy achubiaeth o anfon dy unig Fab i fod yn ail Adda, i fod yn ben y greadigaeth newydd. Diolch am i ti ei roi fel aberth dros bechodau dy bobl. Diolch i ti ei roi fel oen i'r lladdfa. Diolch am iddo fod yn iawn dros ein pechodau ni. O! Arglwydd, mor fawr yw dy drugaredd. Mae gogoniant dy drugaredd yn fwy na gogoniant y creu hyd yn oed.

'Ond prawf Duw o'r cariad sydd ganddo tuag atom
ni yw bod Crist wedi marw drosom pan oeddem
yn dal yn bechaduriaid.'

Diolchwn fod cylch dy drugaredd mor eang â phob cyfandir, pob
llwyth a gwlad ac iaith. Diolchwn hefyd dy fod, yn dy drugaredd,
wedi ein galw ni'n bersonol i edifeirwch a ffydd yn dy Fab Iesu Grist.
Oni bai am dy drugaredd, ni fyddem yn credu ynot nac yn pwyso
arnat. Diolchwn yn ostyngedig. Deuwn ger dy fron yn awr i apelio
am drugaredd eto. Bendithia ni a derbyn ni nawr mewn trugaredd.
Tyrd yn agos atom mewn trugaredd.

Gofynnwn i ti, O! Arglwydd, am ras i drugarhau fel y cawsom ni
drugaredd. Helpa ni i dosturio wrth ein gilydd fel Critsnogion. Rho
inni ras i drugarhau a thosturio wrth bobl ein cylchoedd ni. Gwared
ni rhag edrych i lawr ar eraill. Cynorthwya ni i'w caru yn null Crist,
yn ôl eu hangen ysbrydol a chorfforol, a hynny trwy aberth
gwirofoddol. Helpa ni i ymwneud â phobl o bob math, er gogoniant
i'th drugaredd a'th enw di.

Derbyn ein gweddi yn enw ac yn haeddiant Iesu Grist.   Amen.
John Treharne

# Maddeuant

**Darlleniad**       **Mathew 18, 21-35**

Arglwydd ein Duw, deuwn ger dy fron â diolch ac â mawl yn ein calonnau, wrth nesáu at Dduw sydd yn maddau. Oni bai am hyn ni fyddai modd inni ddod ger dy fron o gwbl. Rhyfeddwn at y ffaith dy fod yn maddau holl bechodau dy bobl, yn wir dy fod yn eu taflu i eigion y môr.

> 'Pa dduw sy'n maddau fel Tydi
> Yn rhad ein holl bechodau ni?'

Er nad oes modd inni dalu am dy faddeuant, sylweddolwn yn ostyngedig ei fod wedi costio'n ddrud iawn i ti. Credwn dy fod yn maddau ac yn dileu pechod dy bobl oherwydd bod Crist dy Fab wedi offrymu ei hun yn iawn drosom ni. Credwn fod ein pechod dychrynllyd ni wedi ei gyfrif iddo ef yn ei farwolaeth, a bod ei gyfiawnder ef yn cael ei gyfrif i ni trwy ffydd ynddo.

> 'Caed trefn i faddau pechod
> Yn yr Iawn,
> Mae iachawdwriaeth barod
> Yn yr Iawn,
> Mae'r Ddeddf o dan ei choron,
> Cyfiawnder yn dweud, Digon!
> A'r Tad yn gweiddi, Bodlon!
> Yn yr Iawn;
> A diolch byth, medd Seion,
> Am yr Iawn.'

Diolchwn fod dy faddeuant yn ein rhyddhau o gaethiwed pechod. Diolch bod gennym ryddid oddi wrth gondemniad pechod, sef marwolaeth dragwyddol. Diolch ein bod yn rhydd oddi wrth gaethiwed pechod, yn rhydd i beidio â phechu, trwy nerth dy lân

Ysbryd. Diolchwn hefyd y byddwn yn gwbl rydd o olion pechod yn ein hysbryd a'n corff yn niwedd y byd.

'Felly os yw'r mab yn eich rhyddhau chwi, byddwch yn rhydd mewn gwirionedd.'

Diolch, hefyd, am y rhyddhad a ddaw i bechadur wrth wybod bod ei bechodau wedi eu maddau yn enw Iesu Grist. Diolch bod pwysau euogrwydd pechod yn cael ei symud. Diolch bod rhestr ein dyledion, ein biliau yn y nef, wedi eu croesi, trwy aberth Calfaria. Diolch nad oes angen edrych dros ein hysgwydd at y gorffennol, ond bod i ni obaith byw i'r dyfodol. Diolch bod ein maddeuant yn dibynnu ar haeddiant y Groes ac nid ar ein haeddiant ni, oherwydd nid ydym yn haeddu dim ond melltith y nef.

'Euogrywdd fel mynyddoedd byd
Dry'n ganu wrth dy Groes.'

Helpa ni i faddau i eraill fel yr wyt ti wedi maddau i ni. Gwared ni rhag meddwl bod gennym yr hawl i wrthod maddeuant, tra ydym ni, fel Cristnogion, yn byw arno o ddydd i ddydd. Rho i ninnau ras i faddau heb gyfiawnhau pechod, yn ôl dull ein Harglwydd bendigedig. O! Dad, gwna ni'n faddeugar!

Gofynnwn heddiw eto am dy faddeuant. Deuwn eto i geisio glanhâd trwy waed y groes. Deuwn eto at y ffynnon sydd yn golchi'r mwyaf ffiaidd, heb sychu byth.

'Arglwydd, maddau eto i minnau,
Ar faddeuant 'rwyf yn byw:'

Clodforwn di'n awr, O! Arglwydd grasol, am dy faddeuant, ac edrychwn ymlaen at glodfori gogoniant dy ras i dragwyddoldeb maith. Amen.

John Treharne

# Ein Gwlad

**Darlleniad**    **Rhufeiniaid 9, 3-10**
**Rhufeiniaid 4**

Yr ydym yn falch iawn, Arglwydd, o'th gydnabod a'th addoli fel creawdwr yr holl fydysawd. Ti yw ein creawdwr ni, ac ynot ti yr ydym ni'n byw, yn symud ac yn bod; dy hiliogaeth di ydym.

Yr ydym hefyd yn cydnabod dy ddoethineb a'th ras yn gwahanu dynoliaeth i genhedloedd trwy gymysgu eu hieithoedd, a'u gwahanu oddi wrth ei gilydd. Diolchwn i ti am ddyfesio ffordd i'n gwaredu rhag pechod Babel, sef uno i gystadlu â Duw.

Rhyfeddwn a dotiwn at yr amrywiaeth gyfoethog a ddaeth allan o hyn. Diolch am ieithoedd a thafodieithoedd gwahanol, am amrywiol ddiwylliannau a lliwiau croen. Diolch nad yw pawb yn unffurf, unwedd, ac nad yw'n byd yn un undonog.

Er gwaethaf gwrthryfel dynoliaeth yn dy erbyn ers dyddiau Adda ac Efa, diolchwn hefyd dy fod wedi caru'n byd cyfan cymaint, nes iti roi dy unig Fab yn Waredwr er mwyn i bob un ac unrhyw un sy'n credu ynddo gael bywyd tragwyddol yn hytrach na distryw a cholled. Diolchwn bod ein Harglwydd Iesu wedi marw ar y Groes dros ei bobl o bob llwyth a gwlad ac iaith.

Gorfoleddwn yn y ffaith ei fod yn fwriad gennyt erioed i gynnwys pob math o bobl yn dy deyrnas dragwyddol. Bendigwn dy enw am fod dy Efengyl yn creu teulu byd-eang newydd yng Nghrist, o holl gyfandiroedd y byd, gan ein cynnwys ni hefyd.

Diolchwn am iti awgrymu hyn wrth Abraham mewn cyfamod, trwy ddweud y byddai holl genhedloedd y ddaear yn cael eu bendithio trwy ei had, sef Crist. Diolch am ddangos y mynnet drugarhau wrth bobl Ninefe yn amser Jona. Diolch am eiriau dy Fab yn dangos y byddai'r newyddion da ynddo fe yn cael ei gyhoeddi trwy'r byd i gyd cyn ei ail-ddyfodiad.

Diolch felly, fod lle i Gymru yn dy gynlluniau a'th fwriadau grasol di. Diolchwn yn ostyngedig ein bod wedi cael yr Efengyl yn ein gwlad ers canrifoedd maith, a'i bod yn dal yn ein tir heddiw. Diolch bod Efengyl Crist wedi bod yn rhan annatod o ddwylliant Cymru ers amser cynnar ar ôl Crist. Diolch, Arglwydd, am y bendithion cyfoethog a ddaeth i'n gwlad trwy gyfrwng dy efengyl sanctaidd. Diolchwn hefyd fod Cymru wedi bod yn gyfrwng helaeth iawn i fendithio rhannau eraill o'r byd trwy ledaenu'r efengyl.

Gwared ni rhag unrhyw beth sydd yn gwrthryfela yn dy erbyn di ym mywyd ein gwlad heddiw. Cydnabyddwn fod elfennau cryf o annuwioldeb yn ein nodweddu bellach. Sylweddolwn fod anghrediniaeth yn broblem oddi allan ac oddi mewn i'n heglwysi. Nertha dy blant i frwydro yn erbyn heresi a diffyg parch at dy air sanctaidd lle'i ceir. Gwared ni hefyd rhag balchder cenedlaethol di-Dduw a diddiolch. Gwared ni rhag bod yn amharod i ddysgu oddi wrth genhedloedd eraill.

Yn dy drugaredd, Arglwydd, rho inni ras i'th orseddu yn frenin Cymru. Gad inni gofio bod cyfiawnder yn dyrchafu cenedl. Erfyniwn arnat i'n cadw a'n gwarchod rhag colli'r breintiau a gawsom mor helaeth gennyt. Rho i ni edifeirwch lle bo angen hynny. Rho i'th blant ac i arweinwyr dy bobl faich Nehemeia dros eu gwlad.

Derbyn ein diolch a'n herfyniadau taer, yn enw ac yn haeddiant Iesu Grist. Amen.

John Treharne

# Yr Ysgol Sul

## Darlleniad        Salm 119, 97-112

Diolchwn, Arglwydd, am etifeddiaeth gyfoethog yr Ysgol Sul yn ein gwlad. Diolch am weledigaeth Griffith Jones i hyfforddi a pharatoi pobl i ddeall iaith pregeth a iaith yr efengyl. Diolch iddo ddod â'r efengyl i feddyliau a chalonnau'r werin o bob oed. Diolch am ei faich dros achubiaeth y Gymry Gymraeg yn ei ddydd. Helpa ni, Arglwydd i barhau ei weledigaeth, a'i addasu yn ôl amgylchiadau ein dyddiau ni, heb newid yr Efengyl tragwyddol yn Iesu Grist. Helpa ni i barhau i gyflwyno neges y creu, y cwymp a'r cyfiawnhad sydd i bechadur yn Iesu Grist.

Diolchwn yn ostyngedig iawn am ddylanwad adeiladol yr Ysgol Sul ar genedlaethau o blant, ieuenctid a phobl ifanc. Diolchwn am yr Ysgol Sul fel cyfrwng i'w gwreiddio yn y gwirionedd Cristnogol. Diolch bod llawer o blant ac ieuenctid wedi medru defnyddio'r wybodaeth a gwasant yn yr Ysgol Sul i droi at yr Arglwydd Iesu fel eu Gwaredwr personol yn nes ymlaen mewn bywyd wrth weld eu hangen amdano yn gliriach.

'Hyffordda blentyn ar ddechrau ei daith, ac ni thry oddi wrthi pan heneiddia.' Diolch hefyd fod addysg yr Ysgol sul wedi bod yn gyfrwng i lawer Cristion blymio'n ddyfnach i wirioneddau'r Beibl. Diolchwn am athrawon a fu, ac sydd yn dysgu plant neu oedolion. Diolch am y rhai sydd yn hau had y goleuni mewn gobaith. Diolch am athrawon Ysgol Sul sydd fel cyfaill annwyl i blentyn mewn bywyd. Diolch am eu hymdrechion yn paratoi gwersi, yn eiriol dros ddisgyblion mewn gweddi, yn estyn cyfeillgarwch, yn ogystal â'u hyfforddiant. Diolch am ddynion a merched a fu'n meithrin disgyblion 'yn nisgyblaeth a hyfforddiant yr Arglwydd'.

Diolch yn fawr am bob un sydd ynghlwm wrth waith yr Ysgol Sul yn ein dyddiau dyrys ni. Gweddïwn i ti, Arglwydd, fendithio'r holl waith sydd yn cael ei wneud. Gofynnwn i ti hyfforddi'n cenhedlaeth ni eto trwy dy air a thrwy gyfrwng yr Ysgol Sul. Gofynnwn i ti, yn dy ras, i arwain Cymry Cymraeg i'th adnabod, ac i brofi iachawdwriaeth yn Iesu Grist.

Helpa ni i sicrhau bod ein gwersi yn cyfleu gwirionedd a phwyslais Beiblaidd, ac yn cyfleu gogoniant yr Arglwydd Iesu Grist. Gwared ni rhag colli gweledigaeth dros yr Ysgol Sul. Gwared ni rhag anghofio ei gweinidogaeth allweddol oddi mewn i eglwys Iesu Grist. Gwared ni rhag gollwng cyfrifoldeb addysg foesol ac ysbrydol ein plant a'n hieuenctid yn llwyr i gyrff seciwlar. Rho i ni frwyfrydedd a ffresni wrth hyfforddi pobl yn ofn yr Arglwydd, ac wrth gyfleu iddynt dy gariad anfeidrol at fyd colledig.

O! Arglwydd, tania ni, trugarha wrthym a defnyddia ni yng ngwaith yr Ysgol Sul, er gogoniant i'r Arglwydd Iesu, yr hwn yr oedd ei ddisgyblion yn ei alw'n athro. Amen.

John Treharne

# Yr Eglwys

## Darlleniad      Rhufeiniaid 12

Deuwn ger dy fron, Arglwydd, i'th addoli am dy fod yn ymwneud â dyn o gwbl, ac ystyried ei wrthryfel yn dy erbyn mewn pechod. Addolwn di am dy fod wedi mynd cymaint pellach na hynny, ac wedi penderfynu ers tragwyddoldeb i gael teulu o bobl a fyddai'n bobl i Ti, ac a fyddai'n perthyn i'th deyrnas.

Diolch am dy ras tuag at Noa a'i deulu, at Abraham, Isaac a Jacob a'u had yn Israel. Diolch am dy gyfamod ag Abraham, am i ti fodloni ymrwymo dy hun wrth dy bobl, sef teulu'r ffydd. Diolch am dy amynedd parhaus tuag at dy bobl yn eu gwrthryfel yn dy erbyn di a'th orchymynion, a'th weision y proffwydi. Diolch i ti ymwneud â nhw mewn cariad ar hyd cyfnod yr Hen Destament. Diolch am roi y Ddeddf mewn cariad. Diolch am system yr aberthau yn arwyddo dyfodiad y Meseia, mewn cariad. Diolch am dy rybuddion a'th ddisgyblaeth gariadus. Diolch am roi iddynt wlad yr addewid, ac am eu dychwelyd yno ar ôl y gaethglud i Fabilon. Diolch am dy amddiffyn drostynt yn erbyn eu gelynion, ac am dy eiddigedd fel gŵr priod ac fel dyweddi ac fel Tad.

Diolch yn fawr am ymestyn ffiniau dy deulu yn y Testament Newydd i bob llwyth, gwlad ac iaith. Diolch am yr holl ddarluniau cyfoethog i ddisgrifio pobl dy deyrnas. Diolch am ddarlun y praidd a'r bugail da. Diolch am fugail sydd wedi rhoi ei einioes dros y defaid, ac sydd yn eu hamddiffyn trwy fod yn ddrws i'r gorlan. Diolch am ddarlun y maes lle mae'r gwenith yn cyd-dyfu â'r efrau tan Ddydd y Farn. Diolch am ddarlun y wir winwydden a'r canghennau, ac am berthynas fywiol Cristnogion â Christ yn ogystal â chyda'i gilydd. Sylweddolwn dy fod yn disgwyl inni ddwyn ffrwyth yr Ysbryd Glân er gogoniant i'th enw.

Diolch am y darlun o'r Eglwys fel corff Crist. Diolch ein bod yn aelodau i Grist trwy ffydd fyw yn y Pen. Diolch bod i bob aelod ei le a'i waith, pa mor ddi-nod bynnag y bo. Syleddolwn fod disgwyl i'th gorff i barhau gweinidogaeth Crist yn y byd heddiw.

Diolch am y darlun o deulu Duw. Teulu o Iddewon a chenedl-ddynion, caeth a rhydd, gwryw a benyw, du a gwyn. Diolch am gael ein mabwysiadu i'th deulu trwy ymddiried yn bersonol yn Iesu Grist fel ein Harglwydd a'n Gwaredwr. Diolch felly fod Cyd-Gristnogion yn frodyr yn chwiorydd a bod Crist ei hun yn frawd i ni. Diolch am y darlun o'r eglwys fel teml Dduw. Rhyfeddwn at y syniad o gynulliad dy bobl fel preswylfod sanctaidd i Dduw. Diolch eto bod lle i bob carreg ym muriau'r Deml, cerrig nadd, cerrig wyneb neu gerrig llanw, ond iddynt fod mewn cysylltiad byw a'r Pen-conglfaen a wrthodwyd gan yr adeiladwyr, sef Iesu.

Yna, diolchwn am darlun o'r eglwys fel priodferch Crist. Diolch ei bod wedi ei galw i fod yn wraig y brenin yn y palas nefol. Sylweddolwn fod rhaid inni ymdrwsio gyda help yr Ysbryd Glân ar gyfer dydd y briodas, sef ail-ddyfodiad Iesu Grist. Diolch y caiff dy eglwys fod fel priodferch brydferth berffaith yn nydd Iesu Grist, 'a gogoniant Duw ganddi... ei llewyrch fel llewyrch gem dra gwerthfawr, fel maen iasbis, fel grisial.' Diolch i ti, Arglwydd, am y fraint gyfoethog o berthyn i eglwys Iesu Grist. Helpa ni i werthfawrogi'n braint, ac i werthfawrogi'n heglwys leol, y gymuned fyd-eang o Gristnogion, yn ogystal â'r cwmwl o dystion sydd wedi mynd o'n blaen ni.

Helpa ni i gofio mai eiddo Crist yw'r Eglwys, ac mai ei ewyllys ef yw ei busnes pennaf hi. Helpa ni i ufuddhau i'r comisiwn mawr o fynd i'r holl fyd gyda'r nerth o'r uchelder, ac i barhau gweinidogaeth Iesu yn ein dyddiau ni. Arglwydd, derbyn ein mawl a'n gweddïau, trwy Iesu Grist. Amen.

John Treharne

# Y Digartref

Ein Tad, diolchwn i ti dy fod yn Dduw sydd wedi gofalu amdanom. Mae dy fendithion yn dod inni bob bore o'r newydd, ac yr ydym yn medru tystio i dy ddaioni mewn amryw byd o ffyrdd hyd yn oed heddiw. Yr wyt yn Dduw sy'n fawr dy ofal tuag at ddynion sy'n dy esgeuluso yn barhaus. Diolch i ti, O! Arglwydd, er ein bod ni'n anffyddlon, rwyt ti'n parhau yn ffyddlon.

Diolch am dy ffyddlondeb yn Iesu Grist. Diolch am un a ddaeth yn ddyn, sy'n ein hadnabod, yn adnabod ein gwendid, yn adnabod ein hangen, yn adnabod y temtasiynau, yr anhawsterau, y rhagluniaethau croes sy'n gymaint rhan o'n bywyd yn aml. Diolch fod Iesu wedi gwisgo cnawd, ac yn y cnawd hwnnw wedi cyrraedd holl amrywiaeth amgylchiadau ein bywyd.

Diolch fod Iesu'n awr yn y nef, yn barod i eiriol drosom, ac yn abl i adnabod y deisyfiadau na allwn eu mynegi'n gywir o dy flaen. Diolch Ei fod yn abl hyd yn oed i roi geiriau inni, pan fydd ein geirfa n'n rhy gyfyng.

O ganol ein cysuron, o ganol ein hyder yn dy ofal, cyflwynwn y di-gartref ger dy fron yn awr. Gwelsom ddarluniau lu, ar y teledu, yn y papur, o bobl sy'n byw o dan gysgod pont, mewn drws siop, a'r cardfwrdd yn garthen drostynt. Rydym am gydnabod fod hyn yn haws i ni na dod wyneb yn wyneb â hwy. I ni sydd yng nghanol ein digon, efallai yn ein tyb ni ar gyfrif cefndir, neu ymdrech, neu lafur, mae yn hawdd beirniadu, ac esgusodi ein hunain rhag cymeryd fawr o sylw ohonynt. Rydym yn adnabod ein balchder, O! Arglwydd; rydym yn adnabod ein hymffrost, y modd y mae yn brigo i'r wyneb, gan symud unrhyw gyfrifoldeb tuag at y bobl hyn o'n meddwl yn llwyr.

Gofynnwn i ti, O! Dad, i ddelio â ni, er mwyn delio â'r digartref yn ein gwlad. Arglwydd, gweddïwn y bydd i'n calon galed gael ei thoddi fel cwyr, yng ngwyneb fflam dy gariad di. Yr ydym yn cael fod y tlawd yn cael ei gasáu gan hyd yn oed ei gydnabod, ond mae digon o gyfeillion gan y cyfoethog. Cydnadyddwn hefyd mai'n gnawdol yr ydym yn rhesymu yn aml, heb adnabod wyneb ein Gwaredwr yng ngwyneb y tlawd, y digartref, yr esgymun. Yr ydym yn galw am galon ar ddelw yr hwn a'i gwnaeth, yn llawn o'i gariad Ef, galon fo wedi ei meddu yn gloi gan y cariad hwn, sy'n agor ein dwylo i weini'n dirion mewn byd, lle mae y cyfoethog a'r tlawd ochr yn ochr.

Arglwydd, rwyt wedi ein bendithio ni'n helaeth, rwyt wedi rhoi mwy na digon inni, ac eto mae ein pechod yn golygu ein bod angen mwy a mwy, ac nad oes gennym ond y rhan lleiaf i rannu. Nid ydym yn rhoi yn llawen, y mae ein llaw dde'n gwybod yn dda am weithred y llaw chwith, y mae eisiau personol yn flaenoriaeth ar angen arall.

Arglwydd, maddau inni a dyro dy Ysbryd Glan i'n sancteiddio yn bobl i ti, i'r graddau y byddwn yn dy wasanaethu y bydd i ni gofio yr un a fethodd a chael lle i roi ei ben i lawr. Clyw ni o Iesu, er mwyn dy enw. Amen.

Meirion Morris

# Rhyddid

**Darlleniad**   **Ioan 8, 31-36**

---

Ein Tad, yr hwn wyt yn y nefoedd, rydym am ddiolch i ti dy fod yn dy gariad wedi cofio amdanom, wedi cofio am ein hangenion, yn dymhorol a thragwyddol. Diolch dy fod wedi anfon Iesu i'n byd, i arddangos dy gariad a'th dosturi tuag atom. Diolch fod bywyd yn enw yr Iesu, fod bywyd yn ei ddyfodiad, fod bywyd yn ei farwolaeth, fod bywyd yn ei atgyfodiad, bywyd sy'n parhau yn ddi-ddarfod, bywyd sy'n gyflawn, bywyd o ystyr a chyfeiriad a phwrpas.

Gwyddom, O! Arglwydd, nad oedd yn bosibl i ni adnabod y bywyd hwn, heb i Iesu ei egluro inni, heb i'r Ysbryd Glan oleuo ein calon a'n deall i'w adnabod. Yr oeddem yn ddall o Dad, ein clustiau yn fyddar i dy lais di, a ninnau wedi ein caethiwo yn ein natur, yn ein pechod, heb fedru ymryddhau i'th adnabod a'th ddilyn.

Diolch fod y cadwynau hyn wedi eu malu yn chwilfriw wrth groesbren Calfaria; diolch fod yr Arglwydd wedi torri y cadwynau a'm daliodd yn gaethwas cyhyd. Tra yr oeddem yn byw hebot, nid oedd y caethiwed hwn yn amlwg inni, nid oedd yn ein poeni; ond wedi i ti ddod heibio ein bywyd, wedi i'th Ysbryd ddechrau ei waith, rhaid oedd cael rhyddid, rhaid oedd cael bywyd.

Diolch fod y Mab yn rhyddhau'n wir y sawl sy'n dod ato am faddeuant a thrugaredd, a diolch mai rhyddid i wasanaethu dy enw mawr, ac nid penrhyddid yw hwn. Diolch am y rhyddid a gawn mewn gweddi, mewn addoliad, wrth ddarllen dy air, y rhyddid i dy glywed di yn siarad, i ddarganfod dy ewyllys, i dy garu a'th ddilyn, i dyrchafu enw yr Arglwydd Iesu. Gweddïwn, O! Arglwydd, ar i'th Ysbryd i ryddhau unigolion, i ryddhau cynulleidfaoedd ynein tir, fel bod ein haddoliad yn addoliad mewn ysbryd a gwirionedd.

Rydym, O! Arglwydd, wedi blino ar y rhyddid mae y byd yn ei

gynnig - y rhyddid oedd yn tynhau'r maglau, y cadwynau, oedd yn peri i'n henaid fod yn fwyfwy anfodlon, y rhyddid oedd yn gwadu hawliau a rhyddid eraill; y pen-rhyddid sy'n manteisio ar wendid ac yn elwa ar draul ein cymydog; y rhyddid yr oeddem yn sôn amdano, pan oedd ein calon yn gwybod am gaethiwed, y bodlonrwydd yr oeddem yn ei gyhoeddi, pan oedd ein henaid yn anfodlon.

Gweddïwn, O! Arglwydd, dros fyd sy'n brwydro beunydd dros hawliau unigolion, pan mae rhain yn aml yn dod ar draul hawliau rhai eraill. Gweddïwn dros fyd lle mae rhieni yn medru pledio'u hangen am ryddid, wrth wadu hawl plentyn i gael ei eni. Dros fyd lle mae pobl yn pledio'u rhyddid i wledda, pan mae eraill yn newynu, eu rhyddid i ddefnyddio dy roddion di i fodloni chwant ag hunanoldeb. Gweddïwn dros fyd lle cawn y gri fod rhyddid pobl i feddiannu arfau yn rhagori ar ryddid pobl a phlant i gael eu diogelu, i gael byw. Cydnabyddwn, O! Arglwydd, nad yw ein deall, nac ychwaith ein rheswm, yn rhydd o gaethiwed pechod, nad yw dyAir yn rhan o'n dirnadaeth nac ychwaith ein rheswm.

Diolch fod y Mab yn medru rhoi rhyddid i bawb a ddaw ato. Tyn ni, O! Arglwydd, at yr Iesu, fel y byddwn yn rhydd yn wir. Er mwyn ei enw. Amen.

Meirion Morris

# Iechyd

**Darlleniad**      Galarnad 3, 19-33
Hebreaid 4, 16-18

Down atat yn awr, O! Arglwydd ein Duw, yr un sy'n llywodraethu yn y nefoedd. Down o flaen y Duw sy'n Frenin y brenhinoedd ac yn Arglwydd yr arglwyddi. Cydnabyddwn fod pob nerth a gallu yn y byd a'r nef yn perthyn i ti, ac eto fod y llwybr hwn yn agored inni. Llwybr rhydd i ni'r annheilwng, y rhai sy'n glaf ar gyfrif ein pechod, yn medru rhodio yn iach drwy y gras sydd i ni yn Iesu Grist dy Fab. Diolch fod ei aberth Ef yn medru golchi ein pechod a'n haneilyngdod ymaith, yn medru codi craith ein heuogrwydd, yn tynnu maes y gwenwyn a roes y sarff i ni, ac wrth y gwenwyn hwnnw yn marw ar Galfari. Diolch, O! Dad, bod iachawdwriaeth i bechadur yng nghlwyfau yr Arglwydd Iesu, bod gwellhâd yn ei ddioddefaint ef, fod moddion yn ei greithiau.

O! Arglwydd, wrth i ni ystyried y modd y bu i'r Iesu ein hiacháu, yr ydym yn gweld yn ei Groes ef hefyd foddion i'n cynnal a'n cadw hyd yn oed ynghanol afiechyd a phoen ein cyrff marwol. Diolch fod gennym ni un yn y nefoedd sydd wedi dioddef hyd at angau, sy'n awr yn cydymdeimlo â rhai sydd hefyd yn dioddef mewn corff darfodedig. Gwelwn o ddydd i ddydd arwyddion amlwg yn ein cyrff, nad oes i ni yma ddinas barhaus. Ynghanol ein nerth cawn olwg ar ein gwendid; ynghanol ein bywyd yr ydym yn gweld marwolaeth; ac eto, O! Dad, yr ydym ar yr un pryd yn cael fod ein Gwaredwr croeshoeliedig yn medru cyfarfod â ni ynghanol ein hangen.

Cyflwynwn i'th sylw y sawl sydd heddiw yn dioddef ar gyfrif eu hiechyd. Gwyddom am deulu, am gymdogion, am gydnabod sy'n awr yn wynebu dyfodol ansicr. Gwyddom am rai sydd ddim am ddod yn iach eto, yn gorfod dod i delerau â diwedd oes, a'u teuluoedd yn gorfod wynebu y golled, a'r bwlch fydd yn agor. Gweddïwn dros y bobl hynny sy'n wynebu llawdriniaethau, mewn ansicrwydd, mewn gofid, mewn ofn. Arglwydd, nesâ at dy bobl.

Gweddïwn, O! Arglwydd, dros y rhai sy'n diodef yn feddyliol. Cofiwn am y rhai sy'n cael eu gorchuddio gan amheuon, gan ofnau, gan anobaith. Gweddïwn dros rai sydd heno yn gweld bywyd yn ddi-gyfeiriad a di-bwynt, y rhai sydd wedi profi fod sŵn y byd a geiriau gwag yn annigonol, y rhai sy'n brwydro o bosibl gyda anghrediniaeth. Arglwydd boed i'th wawr lewyrchu i dywyllwch eu sefyllfa.

Gweddïwn dros y rhai sy'n dibynnu ar gymorth eraill, dros y rhai sy'n gweini, dros y rhai sy'n gofalu, ac o ganol ein gwynfyd, yr ydym yn cofio am eu hadfyd, ac yn diolchwn dy fod yn Iesu, yn Dad, yn Frawd, yn briod i dy bobl. Diolch, O! Dduw, nad yw dy bobl yn angof gennyt, ac yr ydym yn gweddïo y bydd i ti ddiogelu na fydd teulu poen yn angof gennym ni ychwaith. Yr ydym am gael gweini ac ymweld, gan fod yr Arglwydd wedi tywallt ei gariad yn ein calon. Gweddïwn na fydd i brysurdeb ofer gau ein llygaid i'r cyfle a gawn i wasanaethu'r Iesu drwy ofalu am y rhai sydd mewn angen.

Arglwydd, gwrando ein gweddi, yn enw'r Iesu. Amen.

Meirion Morris

# Synhwyrau

## Darlleniad      Salm 96

Ein Tad, rydym am ddod o dy flaen yn awr, ac am dy adnabod mewn ffordd real a phersonol. Rydym am i ti agor ein llygaid i weled yr Iesu. I 'mestyn a'i gyffwrdd a dweud ein bod yn ei garu. Agor ein clustiau, a dysg inni wrando. Agor ein calon i nabod Iesu.

Diolch mai ti yw ein creawdwr. Rwyt wedi ein gwneud yn rhyfeddol; rwyt wedi creu ynom bob cymal ac asgwrn, a phob un o'n cyhyrau, i gyd-weithio i'n cynnal ac i'n nerthu. Wrth inni ddod i wybod mwy a mwy am ein cyfansoddiad, O! Dad, gwelwn mor fawr wyt ti. Mae'r gwyddonwyr wedi ein dysgu mor gymhleth, mor fanwl y mae ein gwneuthuriad, ac yr ydym am ganmol enw y gwneuthurwr. Yr ydym am ganmol dy Fab, trwyddo ef y gwnest di bob peth, a hebddo Ef, ni wnaed dim. Mae ein creadigaeth yn dangos yn ei chymhlethdod fod gennym grëwr, mai nid ar ddamwain, neu o ganlyniad i gyd-ddigwyddiad yr ydym yr hyn ydym. Mae'r cyfan yn moli gwaith dy law.

Yr ydym yn diolch i ti, O! Dduw, ein bod nid yn unig wedi ein creu mewn cymhlethdod, ond yn ychwanegol at hyn dy fod wedi rhoi i ni synhwyrau i fedru amgyffred ein hunain a'r byd o'n hamgylch. Diolch am gael gweld prydferthwch ar bob llaw, prydferthwch dy greadigaeth, yn ei gogoniant a'i harddwch. Ar y mynydd ac yn y dyffryn, wrth y môr ac ar lan afon gwelwn holl ryfeddod y Duw sydd wedi gwneud popeth yn dda. Diolchwn am gael gweld gwên, am gael gweld ceinder blodyn, am y wawr, y machlud, a'r llu pethau sy'n amlygu dy gariad di. Arglwydd, rydym yn gweld hagrwch, rydym yn gweld alanastra hefyd, sy'n ein sobri, ac yn ein hatgoffa nad ydi y byd ddim fel y bwriedaist ef. Gwelwn hefyd hagrwch pechod sy'n peri inni dristáu.

Diolch am gael clywed sŵn yr adar, sŵn y gwynt, sŵn y plant, sŵn y chwarae, sŵn cerdd a chân, lleisiau o bob cyfeiriad. Moliannwn di am glust i glywed, i'n calonnogi, i'n hannog, i'n dysgu, i'n cysuro, i glywed llais cariad ac anwylyd. Yr ydym yn clywed sŵn y gynnau hefyd, sŵn crio y boen a'r anobaith. Clywn lef y tlawd, yr amddifad, y digartref a'r diymgeledd, clywn leisiau yn serio ein cydwybod, cywn leisiau yn ein galw i gydymdeimlad ymarferol. Caniatâ i ni sydd â chlustiau glywed ac ymateb i'r hyn a glywn.

Diolch am fedru arogli, am fedru cyffwrdd, am fedru blasu, am y cyfoeth a ddaw wrth brofi yn ymarferol dy ddaioni yn dy greadigaeth, a'r amrywiaeth sydd yno i bob un ohonom. Mae ein synhwyrau yn ein llawenhau, yn ein rhybuddio, yn ein tristáu, yn codi ofn a dychryn, yn ehangu yn rhyfeddol ein profiad o fywyd. Ond yr ydym am gofio am y rhai hynny heddiw sydd ddim yn gweld, yn clywed, yn arogli, yn teimlo, yn blasu, a chyflwynwm hwy, ynghŷd â'r rhai sy'n eu cynorthwyo i ti, gan ddiolch amdanynt. Arglwydd, boed inni edrych am gyfle i fod yn llygaid, yn glustiau yn wir, yn bum synnwyr, i'r bobl hyn. Dangos inni'r cyfle i gynorthwyo a chyfoethogi eu profiad hwy, er dyrchafu dy enw, ac enw Iesu, ein Harglwydd. Amen.

Meirion Morris

# Undod

---

Mawrygwn dy enw, O! Dduw, dy fod yn un Duw, yn Dad, yn Fab ac Ysbryd Glân. Y tri yn un a'r un yn dri yw'r Arglwydd a addolwn ni. Diolchwn am y cytundeb sydd heddiw yn y nefoedd o ran dymuniad, o ran pwrpas, o ran trugaredd a thosturi a chariad. Diolchwn hefyd am y modd y bu iti osod undod ar waith yn dy grëadigaeth, y modd mae pob peth yn cyd-weithio, y modd y mae'r amrywiaeth yn dod yn un i ddwyn lles a bywyd a chynhaliaeth. Gwelwn ym myd natur, O! Arglwydd, sut y mae pob amlygiad o waith dy law yn cytuno ag undod gwaith dy law.

Yr ydym yn diolch am undod ein corff, fel y mae pob cymal a chyhyr yn gweithio drwy'i gilydd i lwyddo a chynnal ein bywyd ni. Wrth inni ystyried y modd yr wyt yn diogelu hyn oll, suddwn o dan donnau o ryfeddod a syndod. Diolchwn i ti, O! Dad, am y modd y mae hyn i gyd i fod yn ddarlun i ni o fywyd dy bobl a bywyd dy eglwys. Yr ydym yn darllen dro ar ôl tro yn dy air, am dy ddymuniad yn achos dy bobl, i fod yn un. Clywn eiriau ein Harglwydd, yn gweddïo yn yr ardd ar inni fod yn un, i adlewyrchu yr undod sydd ynot ti.

Canmolwn dy enw am yr undod sy'n bodoli rhwng dy bobl o Arglwydd. Diolchwn eu bod yn un yn eu profiad o dy ras di yn Iesu Grist, yr un yw eu galwad, yr un yw y maddeuant a'r trugaredd y maent wedi ei adnabod. Diolch mai'r un yw'r greadigaeth newydd yr wyt ti wedi ei greu o'i mewn, a'r un yw gwrthrych eu serch a'u cariad yn awr. Diolch mai eu diben pennaf yw dy ogoneddu di, dy fwynhau, a gweithio i helaethu terfynau dy deyrnas, ac i ddyrchafu enw yr Arglwydd Iesu yn y byd. Dolch am y cyfleon amrywiol yr wyt yn rhoi i dy bobl i sôn wrth eraill am dy ddaioni yn eu hanes, a'r modd yr ydym yn cael rhannu â'n gilydd wrth weddïo, wrth ddarllen dy Air, ac wrth addoli gyda'n gilydd.

Diolchwn am y gwahaniaethau sydd rhyngom o ran y modd yr wyt ti wedi ein creu. Eto, medrwn fod yn un ynot ti. Rydym yn cydnabod yr amrywiaeth yr wyt ti wedi ei fwriadu, ac ar yr un pryd yn cofio nad ydy yr amrywiaeth yma i beri rhaniadau ymhlith dy bobl. Gofynnwn iti roi inni ras i sicrhau bod yr amrywiaeth a grëaist o ran doniau a gallu, yn gyfle i gyfoethogi dy Eglwys. Gofynnwn i ti i'n helpu i wahaniaethu rhwng yr hyn sy'n angenrheidiol a'r hyn sy'n ymylol ym mywyd dy Eglwys.

Gweddïwn am ras i geisio undod yn y gwirionedd, y gwirionedd amdanat ti, ac am dy ymwneud grasol â ni yn Iesu Grist dy Fab. Gweddïwn y byddi'n tywys ein harweinwyr i geisio yr hyn sy'n rhyngu dy fodd yn yr Eglwys, ac yn ein tywys ninnau i weld o'r newydd mai er dy fwyn di, ac er mwyn byd sydd angen adnabod dy gymod, y'n galwyd ni i'r gymdeithas hon. Arglwydd, delia â'th Eglwys, delia â ninnau, er mwyn Iesu Grist ein Harglwydd. Amen.

Meirion Morris